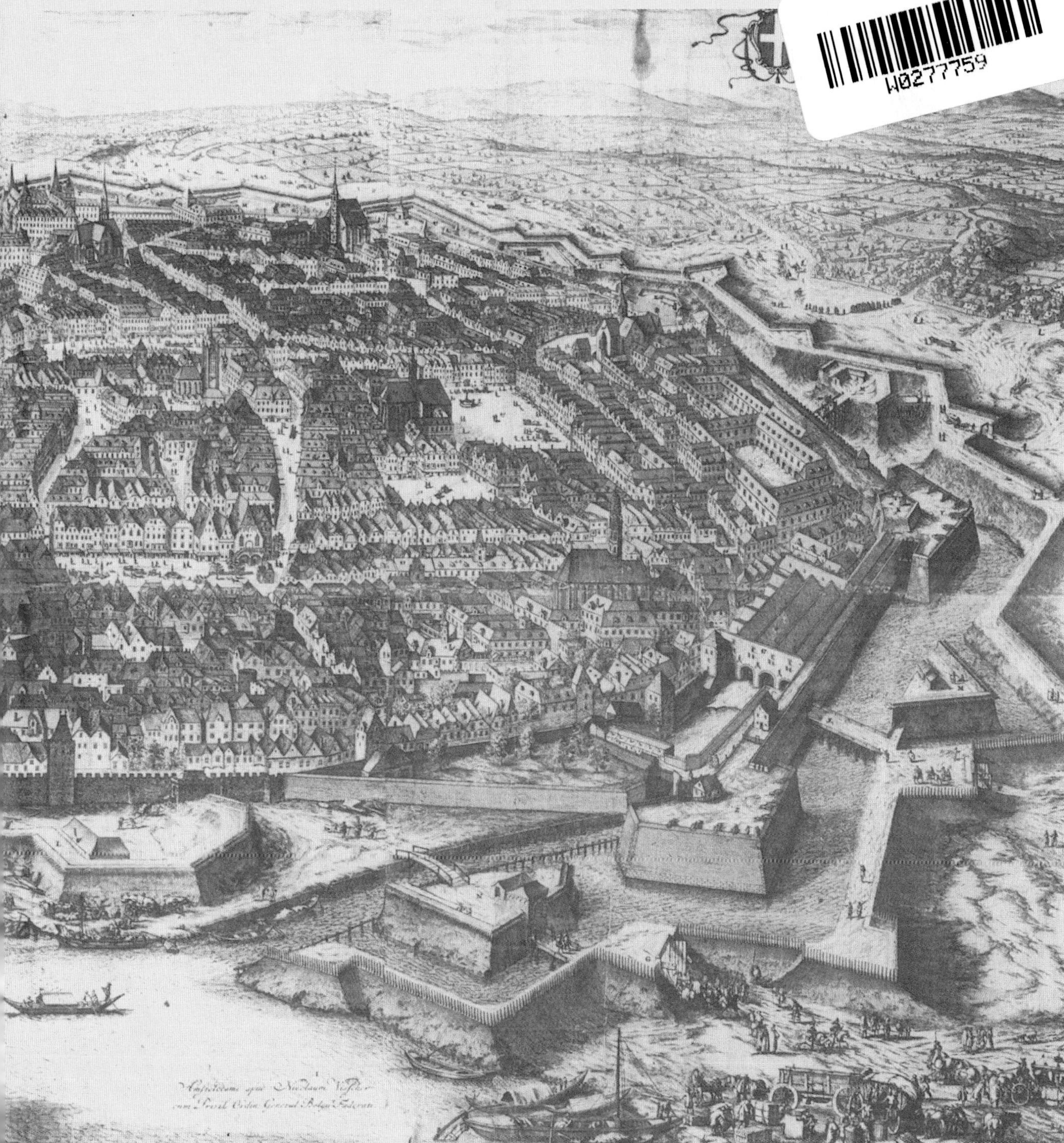
Amstelodami apud Nicolaum Visscher
cum Privil. Ordin. General. Belgii Federati

Reingard Witzmann

Mein Wienbuch

Auf den Spuren der Stadt

Zeichnungen von Rotraud Hejeck

G&D edition

Bibliografische Information Der Deutschen Bibliothek:
Die Deutsche Bibliothek verzeichnet diese Publikation in Der Deutschen Nationalbibliografie; detaillierte bibliografische Daten sind im Internet über http://dnb.ddb.de abrufbar.

Ausgezeichnet mit dem Österreichischen Kindersachbuch-Preis

www.kinderbuchverlag.com

.KUNST bundeskanzleramt

ISBN 3-7074-0198-7

Text entspricht den neuen Rechtschreibregeln

Umschlag: Hans Schaumberger unter Verwendung alter Ansichten von
Christian Brand und Adalbert Marzik
Vor- und Nachsatz: Wien aus der Vogelschau, Plan von Jakob Hoefnagel 1609/1683
Foto auf der Rückseite: Didi Sattmann
Layout und Illustration: Rotraud Hejeck

5. neu überarbeitete, erweiterte Auflage 2004

Satz: grafik design jeannette pobst, wien
Lektorat: G&G
Druck und Bindung: BBG, Wöllersdorf

INHALT

LIEBE MÄDCHEN UND BUBEN, LIEBE WIENFREUNDE!

Vielleicht hast du schon einmal auf der Straße ein altes Hauszeichen entdeckt oder dich über einen merkwürdigen Straßennamen gewundert und dann nach seiner Geschichte gefragt.

Dieses Buch will dir Antwort geben und aus vergangenen Zeiten, von großen Ereignissen, berühmten Menschen und besonderen Bauwerken in Wien erzählen. Wo stand die älteste Burg von Wien? Wann kam der Rathausmann auf die Turmspitze? Wo befindet sich heute das kleinste Haus? Aber auch über das Leben der Menschen in der Stadt wird berichtet, über ihre Arbeit, ihre Sorgen und natürlich auch über ihre lustigen Feste.

Je mehr du darüber weißt, umso mehr kannst du selbst entdecken. Und der Geschichte auf der Spur zu sein, kann schon recht spannend werden. Denn alles hat seine Geschichte. Auch du hast deine eigene Geschichte, ebenso deine Eltern, deine Großeltern, dein Wohnhaus und vieles mehr. Vielleicht hast du schon alte Fotos von deiner Familie zu Hause gefunden. Früher sahen die Menschen anders aus, trugen andere Kleider, ernährten sich anders.

Die vielen bunten Bilder aus der Vergangenheit kannst du zu Hause an dir vorüberziehen lassen; aber du kannst dich auch selbst aufmachen, in die Stadt gehen und suchen und forschen.

Viele der abgebildeten Darstellungen in diesem Buch befinden sich in einem Museum. Das Zeichen ⊙ gibt dir an, wo du das Original findest. Weiters gehört zu jedem Kapitel ein Vorschlag für einen Rundgang. Wie mit einer Zeitmaschine entdeckst du einmal das römische Wien und das Leben der Römer, ein anderes Mal bist du in einem barocken Schloss zu Gast und wandelst in weitläufigen Lustgärten …

Besonders geschickte Spurensucher in der Wiengeschichte kombinieren auch verschiedene Zeiten in einem Rundgang – je nachdem, wie es dir am besten gefällt. Du kannst also allein oder mit Freunden losziehen, alles anschauen und erleben. Bei all diesen Reisen zu Fuß oder mit der U-Bahn, Straßenbahn oder wie auch immer begleitet dich ein Maskottchen: unser Wien-Adler.

Schon auf dem ältesten Wiener Stadtsiegel aus der Zeit um 1225 ist ein Adler abgebildet und bis heute – also beinahe 800 Jahre später – sitzt er nach wie vor auf dem Siegel der Stadt Wien, das auch der Bürgermeister verwendet.

Das WIENER WAPPEN ist über 700 Jahre alt. Es zeigt ein weißes Kreuz im roten Schild. Zusätzlich hat jeder Wiener Gemeindebezirk sein eigenes Bezirkswappen.

So sieht das WIENER SIEGEL heute aus, mit dem alle wichtigen Dokumente der Stadt Wien gekennzeichnet werden. Der Wappenadler trägt auf der Brust das Wiener Wappen.

Für dein Wienbuch schlüpfte der Adler heimlich aus dem alten Siegel … und er hat sich den Namen „Felix der Glückliche“ gewünscht oder ganz einfach „Lixl“, wie es im alten Wiener Dialekt heißt. Lixl hat nicht nur scharfe Adleraugen, sondern er weiß auch viele witzige Geschichten, ist voller guter Ideen und gibt dir manchmal wichtige Hinweise.

Keine der vielen Geschichten ist erfunden, alle haben sich wirklich so zugetragen. Lediglich bei den Sagen ist es, wie du ja weißt, mit der Wahrheit nicht immer so genau: Fantasievolle Menschen haben bemerkenswerte Erlebnisse sehr persönlich ausgeschmückt und weitererzählt. Doch lass dich jetzt vom Lixl in ferne Geschehnisse und in ferne Zeiten entführen …

Das älteste WIENER STADTSIEGEL wird heute im Wiener Stadt- und Landesarchiv im Gasometer aufbewahrt. Der älteste uns bekannte Abdruck des Siegels stammt aus der Zeit um 1225.

Auf allen wichtigen Dokumenten befanden sich früher zur Beglaubigung verschiedene Siegel, die meist aus Wachs kunstvoll ausgeführt waren. Solche „Hängesiegel“ waren mit Seidenfäden, Hanfschnüren oder Pergamentstreifen an der Urkunde befestigt. Diese Urkunde wurde den Wiener Bürgern 1281 verliehen und brachte für ihren Handel einen großen Vorteil: Kein fremder Kaufmann durfte durch Wien durchziehen, ohne nicht vorher seine Waren in der Stadt angeboten zu haben: Dieses STAPELRECHT machte die Wiener Kaufleute im Mittelalter zu reichen Bürgern.

LIXL STELLT SICH VOR

Ich fliege mit dir durch die Zeiten. Gleich wirst du fragen, was für ein merkwürdiger Vogel ich denn sei? Nun, ich bin kein gewöhnlicher Adler, der im Wald und Gebirge lebt. Ich gehöre zu jenen Adlern, die auf der ganzen Welt in Märchen und Sagen vorkommen.

Seit urdenklichen Zeiten gibt es immer wieder Abbildungen von mir: Im alten Babylon war ich schon ein heiliges Tier. Die Römer hefteten Adlerdarstellungen auf ihre Standarten. Später wurde ich berühmt als Wappentier, auch in Österreich.

In Wien gelangte ich zu besonderen Ehren. Auf den alten Stadtsiegeln, die mit langen Schnüren an wichtigen Urkunden hängen, aber auch auf alten Fahnen, Münzen und Gebäuden kannst du mich finden.

Für dich springe ich aus dem ältesten Wiener Stadtsiegel heraus und geleite dich durch das alte und neue Wien. Du kannst mich auch LIXL rufen, aber eigentlich heiße ich Felix, der Glückliche.

Also, bist du bereit zum Flug in die Vergangenheit?

Dann komm!

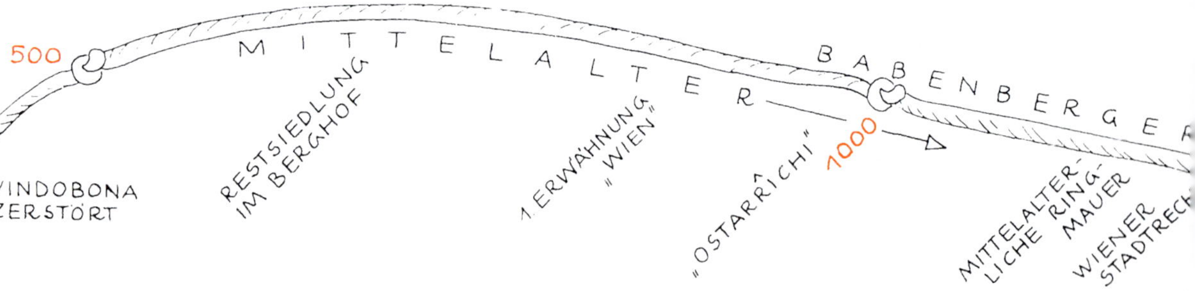

DIE REISE IN DIE VERGANGENHEIT BEGINNT

Die Geschichte unserer Stadt ist im Vergleich mit dem unendlich lang erscheinenden Alter der Erde und der Menschheit wie ein kurzer Augenblick. Und trotzdem ist sie abwechslungsreich und spannend.

Die Forscher vermuten, dass bereits Mammutjäger in der letzten Eiszeit hier vorbeizogen. Denn in Wien-Heiligenstadt fand man den Unterkiefer eines Mammutkälbchens, das zweifellos von einer Jagdbeute stammt. Vor ungefähr 12.000 Jahren ging die Eiszeit zu Ende.

Auch in den folgenden Jahrtausenden blieben die Menschen auf ständiger Wanderschaft und lebten als Jäger, Sammler und Fischer. Ihre Geräte und Waffen stellten sie aus durchbohrten und geschliffenen Steinen her. Diese Epoche heißt Steinzeit.

DIE ERSTEN BAUERN IN WIEN

Vor ungefähr 7.000 Jahren, also ab dem 5. Jahrtausend vor Christi Geburt, wurden die Menschen im Wiener Raum sesshaft und bauten die ersten dauerhaften Hütten. Sie legten ihre Siedlungen vor allem an den Berghängen des Wienerwaldes an, aber auch im Gebiet der heutigen Leopoldau und in Aspern. In jener Zeit gab es das gleiche Klima wie heute. Die Menschen betrieben Ackerbau und Viehzucht. Sie kannten bereits verschiedene Getreidesorten: Brei und Brot wurden zur wichtigsten Nahrung. Die neuen Hausgenossen der Bauern waren der Hund, die Ziegen, Schafe, Schweine und Rinder.

Nach wie vor wurde das Werkzeug aus Stein hergestellt. Ein Bergwerk auf der Antonshöhe in Mauer, im heutigen 23. Wiener Gemeindebezirk, lieferte den wertvollen Feuerstein, aus dem unter anderem Schabgeräte, Bohrer, Pfeilspitzen und scharfe Steinklingen hergestellt wurden. Dieses Bergwerk gehört zu den ältesten der Welt und Forscher entdeckten bis zu

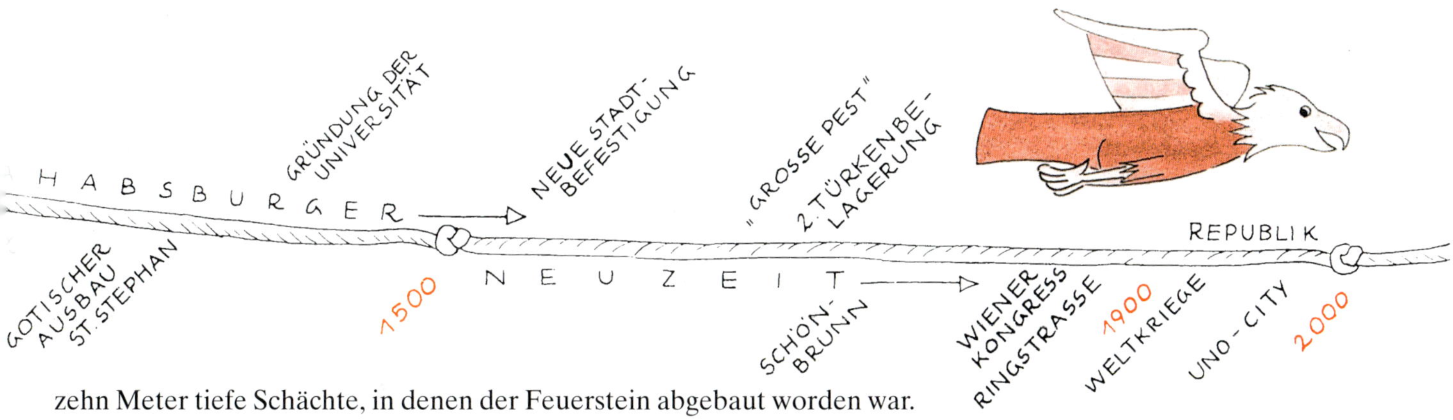

zehn Meter tiefe Schächte, in denen der Feuerstein abgebaut worden war. Auch Kinder arbeiteten mit, da sie sich in den engen unterirdischen Gängen wendiger und rascher bewegen konnten.

DER FÜRSTENSITZ AM LEOPOLDSBERG

Vor 6.000 Jahren gab es eine technische Revolution: Der Werkstoff Stein wurde vom Metall abgelöst. Zum ersten Mal gelang es den Menschen, Kupfer und Gold zu schmelzen. Nach der Entdeckung des Kupfers und der Bronze fand 750/700 vor Christi Geburt, also vor ungefähr 2.700 Jahren, das bedeutend härtere Eisen in Europa Verwendung. In der Eisenzeit, der letzten Epoche der Urgeschichte, wanderte das Volk der Illyrer in das Wiener Gebiet ein. Die Illyrer lebten friedlich und entfalteten eine reiche Kultur. Sie wählten den Leopoldsberg zu ihrem Fürstensitz.

Noch ein anderes Volk, die eigenwilligen Kelten, wanderte vor ungefähr 2.400 Jahren ein und baute auf dem Leopoldsberg seine mächtige Stadtburg, von der es das umliegende Land beherrschte. Vermutlich hieß diese Burg, die wie ein Torwächter am Berg über der Donau lag, bereits Vindobona. Denn der Name Vindobona stammt aus der keltischen Sprache und bedeutet so viel wie „Weißenburg" oder „Siedlung des Vindos".

Einige Jahre vor der Geburt Christi, mit der unsere Zeitrechnung beginnt, geschah eine entscheidende Veränderung: Das Gebiet des heutigen Österreich wurde teils durch Verträge, teils durch erbitterte Kämpfe dem Römischen Reich angegliedert. Römische Truppen wurden stationiert, das Land in Provinzen eingeteilt und Steuern eingehoben.

Zur Sicherung gegen die Germanen, die jenseits der Donau wohnten, bauten die römischen Soldaten vor ungefähr 2.000 Jahren viele Kastelle und Wachtürme entlang der Donau. Aus einem dieser Lager, das vermutlich nach der keltischen Stadtburg am Leopoldsberg Vindobona genannt wurde, entstand später die Stadt Wien.

I. DIE ANFÄNGE DER STADT WIEN
DAS RÖMISCHE LAGER VINDOBONA

Römische Soldaten waren die Ersten, die sich vor ungefähr 2.000 Jahren in dem Gebiet der heutigen Innenstadt von Wien niedergelassen haben. Sorgfältig wählten sie den Platz für ihr befestigtes Lager: Schon vorhandene Flussläufe bildeten natürliche Wassergräben.

Im Norden nutzten sie einen Donauarm – den heutigen Donaukanal. Im Westen floss im Verlauf des heutigen Tiefen Grabens ein Bach, auf der gegenüberliegenden Seite, also im Osten, befand sich der Möhringbach. Auf der Südseite mussten die römischen Soldaten allerdings einen künstlichen Graben anlegen.

RÖMISCHE SOLDATEN überqueren die Donau auf einer Hilfsbrücke, die aus Booten gebildet wird. Die Donau war damals die befestigte Grenze des Römischen Reiches. Die Grenze wurde Limes genannt.

Diese Darstellung stammt von einer Steinsäule, die in Rom steht und kurz nach dem Tode Marc Aurels vollendet wurde. Der römische Kaiser Marc Aurel führte von Vindobona aus einen Feldzug gegen die nördlich der Donau wohnenden Germanenstämme, die Markomannen und Quaden.

EIN LAGER AUS STEIN ENTSTEHT

Als Vorhut für die römischen Legionäre errichteten vorerst Soldaten der schnellen Reiterei ein hölzernes Hilfslager. In der Zeit um 100 nach Christus wurde dann auf Befehl des römischen Kaisers Trajan das Kastell Vindobona aus Stein gebaut. Es war zuerst nur für Soldaten bestimmt. Eine Legion, die 6.000 Mann umfasste, lebte im Lager. In Vindobona wohnte und kämpfte die X. Legion als Hausregiment. Ihr Legionszeichen war der Stier.

Eine gut durchdachte Befestigungsanlage schützte vor Angriffen. Die bis zu drei Meter dicken Fundamente der Lagermauer ruhen teilweise noch heute unter dem Straßenpflaster. Die Mindesthöhe der Lagermauer betrug sechs Meter, die wuchtigen Türme bei den Toren waren zehn bis fünfzehn Meter hoch. Kunstvoll war die Mauer mit zugehauenen Steinquadern verkleidet, ihren Kern bildeten mit Mörtel gebundene Bruchsteine.

Flüsse und Gräben umgaben zusätzlich das Kastell. An der Südseite mauerten die Römer gleich drei Spitzgräben hintereinander, von denen jeder ungefähr 2,50 Meter tief war. Sie waren nicht mit Wasser gefüllt, dafür aber so breit angelegt, dass niemand sie überspringen konnte. Der heutige Platz „Am Graben“ erinnert noch an den gemauerten Lagergraben vor 2.000 Jahren im Süden von Vindobona.

An den äußeren Graben schloss sich ein unbebauter Geländestreifen an, der mit einer doppelten Pfahlreihe abgeschirmt war. Doch auch das genügte noch nicht. Im umliegenden Gelände waren unregelmäßig verstreut bis zu 4,50 Meter tiefe Fallgruben angelegt, die jeden Angreifer zu Sturz brachten.

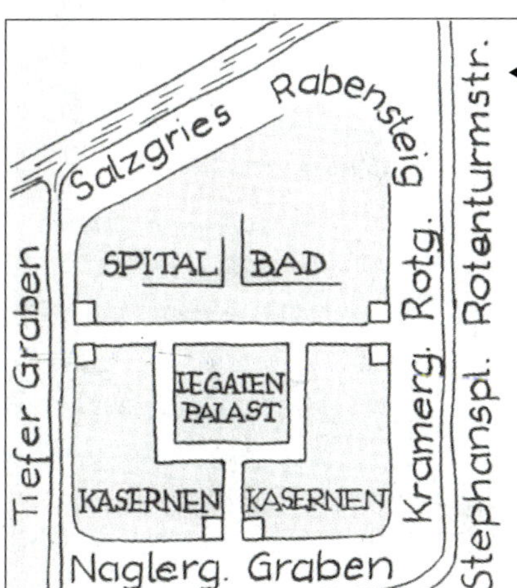

◀ *Die Römer bauten ihr LAGER stets nach dem gleichen Grundriss: In einem Viereck führten zwei Hauptstraßen zu den Lagertoren. In Vindobona war die Nordmauer dem Verlauf eines Seitenarmes der Donau angepasst.*

Die Reste der römischen Lagermauer befinden sich heute noch unter der Erde. Die Zeichnung zeigt das Modell des SÜDTORES, das sich an der Ecke Graben/ Tuchlauben befunden hat. Vor der Mauer lagen die Spitzgräben. ▶

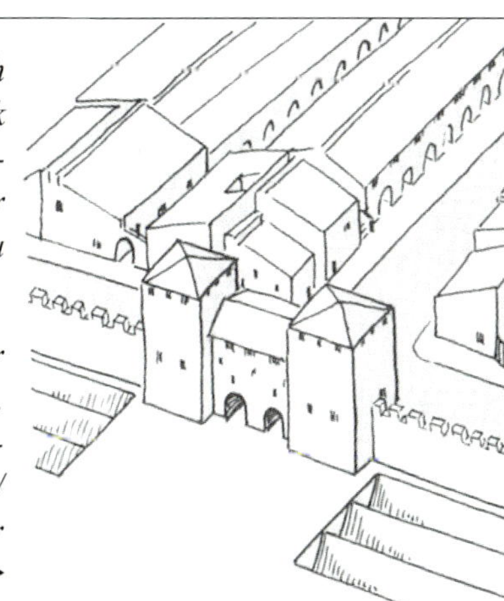

VINDOBONA UND SEIN MUNICIPIUM

Neben dem römischen Legionslager entstand im Bereich des heutigen 3. Wiener Gemeindebezirks eine Zivil- und Handelsstadt. Hierher hatten vermutlich die Kelten von ihrer alten Festung am Leopoldsberg ziehen müssen. Solche Städte, die immer in unmittelbarer Nähe der Soldatenlager entstanden, heißen lateinisch „Municipium". Doch wissen die Forscher bis heute nicht ganz genau die Ausmaße des Municipiums. Sie vermuten, dass sich das Zentrum dieser Handelsstadt beim heutigen Aspangbahnhof und beim Rennweg befunden hat.

Die Wohnhäuser der römischen Offiziere waren mit einer BODENHEIZUNG ausgestattet. (⊙ Römische Ruinen unter dem Hohen Markt)

KLEINE CHRONIK

15 v. Chr. Die Römer dringen in das Gebiet des heutigen Österreich ein.

um 100 n. Chr. Das Legionslager Vindobona entsteht aus Stein.

166–180 Kaiser Marc Aurel führt von Vindobona und Carnuntum aus Kriege gegen die Markomannen nördlich der Donau.

375 Einfall der Hunnen in den römischen Provinzen.

395 Vindobona wird zerstört.

um 400 Abzug der römischen Legionen vom Donaulimes.

ca. 450–482 Der heilige Severin lebt in Noricum.

VOM LEBEN DER RÖMISCHEN SOLDATEN

Die Legionäre waren freie römische Bürger und lebten nach römischem Recht. 20 Jahre dienten sie als Soldaten, dann gingen sie in Pension. Mit dem ersparten Geld konnten sie sich ein Häuschen zulegen und heiraten. Meistens zogen sie nicht weg, sondern blieben in der Umgebung des Lagers.

Die Römer hatten sehr bequeme Tafelsitten: Beim Essen lagerten sie gemütlich auf niedrigen Betten um ein Tischchen herum und langten mit den Fingern zu den Speisen. Gabel und Messer waren bei Tisch nicht in Gebrauch. Sie aßen mit Vorliebe fette Saucen, die mit vielen Kräutern so stark gewürzt waren, dass sie den Eigengeschmack des Fleisches oder

◀ *GRABSTEINE erzählen Geschichten aus dem Alltag der Menschen. Der römischen Sitte entsprechend lagert der Römer auf dem Sofa. Er hat das Mahl beendet und trinkt nun Wein, den zwei Sklaven nachschenken.*
(Detail eines Grabsteins aus dem Römisch-Germanischen Museum der Stadt Köln.)

Der unten abgebildete zwei Meter hohe Grabstein wurde in der Zeit um 50 n. Chr. dem Soldaten T. Claudius Severus gesetzt. Er gehörte der römischen Reiterei an. Im unteren Teil des Steines ist sein Pferd mit dem Knecht dargestellt. Darüber wird seine militärische Ausrüstung gezeigt: links der Schuppenpanzer, daneben die Beinschienen und darüber der Helm.
(⊙ Kunsthistorisches Museum) ▼

Fisches vollkommen überdeckten. Dazu tranken sie gerne Wein, aber stets mit Wasser vermischt. Da ihnen die Weintrauben aus der Umgebung von Vindobona zu sauer waren, pflanzten die römischen Legionäre bessere Sorten an, die sie aus ihrer Heimat mitgebracht hatten.

Die Römer legten auch eine Wasserleitung, die frisches Quellwasser aus den Bergen in das Lager führte, kunstvoll an. In den vornehmen Häusern und in den Bädern gab es bereits eine Zentralheizung und Fliesen auf dem Fußboden. Sie verstanden sich sehr auf das praktische Bauen und viele Bezeichnungen aus dem Bauwesen stammen aus ihrer Sprache. So leitet sich zum Beispiel das Wort „Mauer" von dem lateinischen Ausdruck „murus" und „Fenster" von „fenestra" ab.

DAS RÖMISCHE REICH ZERFÄLLT

Um Vindobona dürfte sich in der Zeit um 400 nach Christus ein erbitterter Kampf abgespielt haben. Dürfte … denn es gibt keinen Bericht darüber. Wieder können uns nur die Archäologen Auskunft geben: Sie haben unter den alten Häusern in der heutigen Innenstadt eine ungefähr 10 bis 30 cm dicke Aschen- und Rußschicht gefunden.

Was hat das zu bedeuten? Diese Brandschicht beweist, dass das römische Lager Vindobona um 400 nach Christus von durchziehenden Völkern zerstört und abgebrannt wurde. Vindobona, das Legionslager an der Donau in der römischen Provinz Pannonien, geriet in Vergessenheit. Doch große Teile der gewaltigen Lagermauern und so manche Ruine überdauerten die wirre Zeit, die nach der Herrschaft der Römer folgte.

Um 1500 ist WIEN zu einer großen Stadt mit einer Stadtmauer angewachsen.
(Aus der „Weltchronik" von Hartmann Schedel, 1493. ⊙ Wien Museum Karlsplatz)

II. WIEN WIRD ZUR STADT DAS LEBEN IM MITTELALTER

Viele Städte in Europa entstanden dort, wo sich schon vorher ein römisches Lager befunden hat. So war es auch in Wien.

Doch gibt es keine genauen Berichte über den Wandel des römischen Vindobona zur Stadt Wien. Vieles können die Forscher nur vermuten. So nehmen sie an, dass mit großer Wahrscheinlichkeit auch nach der Zerstörung des römischen Lagers immer wieder Menschen Schutz hinter den übrig gebliebenen mächtigen Lagermauern gesucht haben.

Die Archäologen, die stets in der Erde schürfen, haben einige wichtige Entdeckungen gemacht: Sie fanden heraus, dass das meterdicke Gemäuer des römischen Bades in der Nord-Ost-Ecke des Lagers den furchtbaren Brand um 400 nach Christus überstanden haben muss. Diese ehemalige Badeanlage bauten die Menschen in eine befestigte Burg um, die „Berghof" genannt wurde. Immer mehr kleine Häuser umgaben die Burg und in der Zeit um 800 wurde für diese winzige Siedlung eine Kirche gebaut: Sankt Ruprecht. Sie ist die älteste Kirche in der Stadt.

DER NAME „WIEN"

Eine Burg bildete also den Neubeginn der Stadt Wien. Doch woher stammt der Name „Wien"? Und was hat er für eine Bedeutung? Er lässt sich nicht von „Vindobona" ableiten, sondern die frühe Siedlung wurde mit ziemlicher Sicherheit nach dem Fluss „Wien" benannt. Dieser hieß in der keltischen Sprache „Vedunia" oder „Veidinia", was so viel wie

„Waldbach" oder „Holzbach" bedeutet. Aus diesem Gewässernamen hat sich, so nehmen die Wissenschaftler an, zuerst das Wort „Wenia", dann „Wienne" oder „Vienne" und schließlich „Wien" entwickelt.

Der Kupferstich von Jakob Hoefnagel zeigt den TURM DER ÄLTESTEN BURG von Wien, den „Berghof". Heute erinnert nur mehr ein Straßenschild an den Berghof.
(Ausschnitt aus dem Plan von 1609/1683. ⊙ Wien Museum Karlsplatz)

WIEN WIRD ZUR RESIDENZSTADT

In die Siedlung „Wenia" zogen neue Bewohner. Die einstige „Burg" war zur Stadt geworden. Weitere Kirchen wurden gebaut, neue Marktplätze und Häuser entstanden. Um 1156 errichtete Herzog Heinrich II. Jasomirgott aus dem Geschlecht der Babenberger seinen Herzogshof an jenem Platz, der heute noch „Am Hof" heißt. Wien wurde zur Residenzstadt.

Zu jener Zeit standen die alten Mauern des römischen Lagers weiterhin zum Schutz der Stadt, doch außerhalb hatten sich schon mehrere Häusergruppen wie Handelsniederlassungen und Klöster gebildet. So musste man eine neue und größere Stadtmauer errichten.

Da kam im Jahre 1192 dem damaligen Herrscher ein Zufall zu Hilfe: Herzog Leopold V. konnte seinen Widersacher, den englischen König Richard Löwenherz, der ihn bei einem Kreuzzug schwer beleidigt hatte, in der Nähe Wiens aufgreifen und gefangen nehmen. Mit ungefähr 10 Tonnen Silber musste sich der englische König von dem Herzog freikaufen. Nun war Geld für eine neue Ringmauer vorhanden.

Der römische Lagergraben wurde zugeschüttet. Die neue Befestigungsanlage entstand so ziemlich dort, wo sich heute die Ringstraße befindet. Ab jener Zeit war Wien ungefähr so groß wie der heutige 1. Bezirk.

Da staunten die Herrscher in ganz Europa: Knapp vor Weihnachen 1192 wurde der englische König RICHARD LÖWENHERZ bei der Rückkehr von einem Kreuzzug in der Nähe von Wien gefangen genommen. Der Babenberger Leopold V. forderte für die Freilassung eine stattliche Summe Lösegeld.
(Aus der Chronik de P. de Ebulo, um 1197)

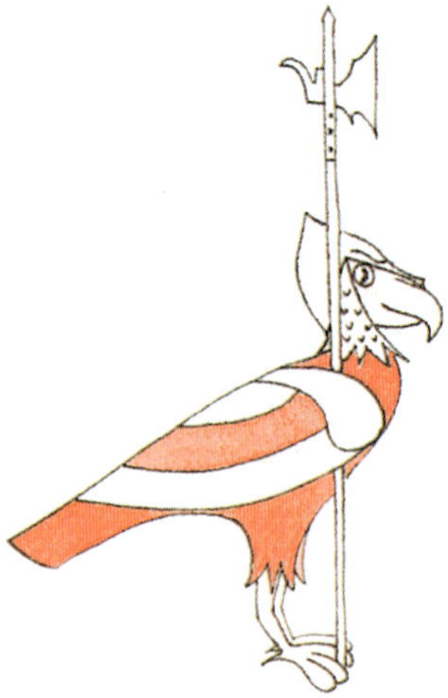

LIXL ERZÄHLT: WIE KÖNIG RICHARD LÖWENHERZ GEFANGEN WURDE

Man schrieb das Jahr 1192. König Richard I. von England, genannt Löwenherz, beendete seinen Kreuzzug im Heiligen Land und trat die Heimreise mit dem Schiff an. Doch sein Segler wurde vom Sturm gegen die Küste geschleudert und Löwenherz entrann mit knapper Not dem Tod.

Nun musste der König mit einigen wenigen Getreuen den Landweg nehmen, der über Wien führte. Um nicht erkannt zu werden, beschaffte er Pilgerkleider: lange Kutten mit Zipfelhauben. Löwenherz wollte so rasch wie möglich durch Österreich gelangen, da er sich an seinen Streit mit dem österreichischen Herzog im Heiligen Land noch gut erinnerte. Zu diesem Zwischenfall war es nach der Eroberung der Festung Akkon gekommen. Damals hatte der österreichische Herzog Leopold V. als Oberbefehlshaber die Babenbergerfahne auf einen Turm gepflanzt. Bebend vor Eifersucht, da er den Sieg für sich beanspruchte, riss Löwenherz die Fahne herunter und warf sie in den Staub. Daraufhin zog Herzog Leopold schwer beleidigt davon. Das war vor zwei Jahren gewesen.

Und nun blieb Richard Löwenherz keine andere Wahl, als durch Österreich zu reisen. Es war inzwischen Winter geworden. Kurz vor Weihnachten, am 22. Dezember, erreichten Löwenherz und seine Leute den kleinen Vorort Erdberg in der Nähe von Wien. Hunger und Kälte trieben sie in ein Gasthaus. Löwenherz gab sich als einfacher Mensch aus. Er verrichtete in der Küche Dienste wie ein Knecht und briet sich sein Huhn selbst. Doch er hatte vergessen, seinen kostbaren Ring vom Finger zu ziehen. Da betrat zufällig ein Gefolgsmann des Herzogs, der ebenfalls in Akkon mit dabei gewesen war, die Herberge. Er erkannte in dem Pilger mit dem schönen Ring den englischen König. Sofort eilte er in die Stadt, um Herzog Leopold alles zu melden. Als Leopold die Geschichte vernommen hatte, bestieg er sein Ross und ritt mit einer Schar Bewaffneter vor die Tore Wiens.

In Erdberg fand der Herzog tatsächlich den englischen König, der noch immer den Bratspieß drehte. Sogleich ließ er ihn festnehmen und nach Wien abführen. Später wurde Löwenherz heimlich auf die Burg Dürnstein in der Wachau gebracht und so lange gefangen gehalten, bis ihn nach langer Suche sein Sänger Blondel entdeckte. Blondel berichtete in England über die Gefangennahme des Königs. Als der österreichische Herzog von der Treue des Sängers erfuhr, war er so gerührt, dass er Löwenherz freigab.

So hab ich es in Wien singen und sagen gehört.

WAS IST WAHR AN DIESER GESCHICHTE?

Bei dieser Sage hat sich ausnahmsweise wirklich alles so zugetragen. Lediglich die Geschichte vom Sänger Blondel ist erfunden. König Richard Löwenherz blieb deshalb so lange in Gefangenschaft, weil die Verhandlungen über die Höhe des Lösegelds sich dahinzogen. Schließlich erhielt der österreichische Herzog viele Tonnen Silber für die Freilassung seines berühmten Gefangenen.

Mit ihrem Gefolge reiten der Babenberger MARKGRAF LEOPOLD III., der Heilige, und seine Gemahlin Agnes zur Jagd. Eine Legende erzählt, die Markgräfin habe ihren Schleier verloren und dieser wurde erst neun Jahre später von den Jagdhunden auf einem Holunderbaum aufgespürt. An jener Stelle habe dann Leopold die Stiftskirche von Klosterneuburg erbauen lassen.
(Ausschnitt aus dem Leopold-Altar von Rueland Frueauf dem Jüngeren. © Stiftsmuseum Klosterneuburg)

VON KÖNIGEN, HERZÖGEN UND RITTERN

Die Entstehung Österreichs ist mit dem Herrschergeschlecht der Babenberger eng verbunden. Die Babenberger erhielten vom deutschen König das Land, um für Ordnung und Recht zu sorgen. Damals bestand „Ostarrichi" (Österreich) nur aus Teilen des heutigen Nieder- und Oberösterreichs. Die ersten Babenberger herrschten vorerst als Markgrafen, ihre Residenzen waren an verschiedenen Orten, wie zum Beispiel in Pöchlarn, Melk oder Tulln. Markgraf Leopold III., der Heilige genannt, wählte Klosterneuburg, nahe bei Wien, zu seinem Sitz. Sein Sohn, Heinrich II., Jasomirgott, wurde im Jahre 1156 zum Herzog erhoben und zog in die Stadt Wien. Ganz knapp an der Westmauer, dort, wo ein Abfall zu einem Fluss – heute der Tiefe Graben – einen natürlichen Schutz bot, ließ er seinen Herzogshof anlegen.

Doch kein Bild und kein Stein hat sich von diesem Babenbergerhof erhalten. Nur der weitflächige Platz „Am Hof" erinnert an den bedeutsamen Ort, wo glänzende Feste, Turniere und Sängerwettbewerbe, aber auch strenge Gerichtsverhandlungen unter Anwesenheit des Herzogs stattgefunden haben.

Der Dichter und Sänger WALTHER VON DER VOGELWEIDE lebte einige Jahre auf dem Babenbergerhof in Wien. Der Zeichner hat ihn mit dem Schwert als Ritter dargestellt.

◀

Am 5. Dezember 1279 wurde in Wien ein großes TURNIERFEST veranstaltet. Das nebenstehende Bild zeigt, wie der Minnesänger Walther von Klingen seinen Turniergegner über den Haufen wirft. Fünf Frauen beobachten den Kampf. Die in der Mitte Sitzende ist vielleicht die „Dame und Gebieterin", der dieser Zweikampf gilt. (Aus der Großen Heidelberger Liederhandschrift, um 1300–1340) ▶

Ein berühmter Sänger, der bei verschiedenen Herren in Diensten stand, verweilte einige Male am Babenbergerhof: Walther von der Vogelweide. Er schrieb ganz besonders schöne Minnelieder, wie die Liebeslieder damals genannt wurden. Zu der höfisch-ritterlichen Kultur gehörten auch prächtige Tanzfeste, bei denen der Herzog den Reigen anführte und zur Musik sang.

Auf dem Babenbergerhof waren Gäste stets gerne gesehen. Auch ganze Heerscharen von Kreuzfahrern zogen durch Wien nach dem Osten ins Heilige Land und verweilten wochenlang in der Stadt. So wurde Wien immer bekannter, die Wiener lernten wiederum viele fremde Kulturen kennen und nebenbei verdienten sie damit ganz gut.

Der Babenbergerherzog Friedrich II. führte ein kriegerisches Leben, sodass er den Beinamen „der Streitbare" erhielt. Er griff die benachbarten Länder Böhmen und Ungarn an, stritt mit dem Adel in Österreich und selbst in Wien empörten sich zum ersten Mal die Bürger gegen ihren Herzog. Von da an gab es immer wieder Kämpfe zwischen den Bürgern von Wien und ihren Landesfürsten, da die Wiener eine freie, unabhängige Stadt wollten.

Friedrich II., der Streitbare, fand im Jahre 1246 in einer Schlacht gegen die Ungarn den Tod. Da er keine Nachkommen hatte, übernahm vorerst der Böhmenkönig Přemysl Ottokar die Herrschaft über die österreichischen Länder. Es kam aber zum Krieg und Ottokar wurde vom deutschen König Rudolf von Habsburg im Jahre 1278 besiegt. Das Geschlecht der

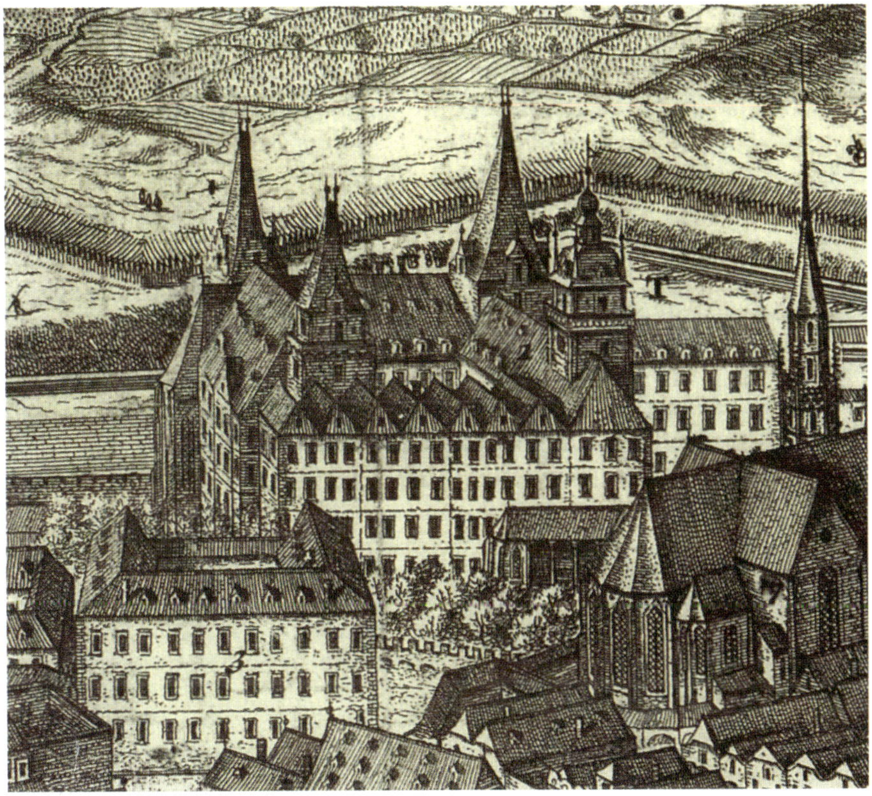

Am Rande der mittelalterlichen Stadt befand sich die HOFBURG, die Residenz des Herrschers. Vier mächtige Ecktürme schützten die Anlage.
(Ausschnitt aus dem Plan von Jakob Hoefnagel 1609/1683. © Wien Museum Karlsplatz)

Habsburger herrschte von da an 640 Jahre in Österreich. Seit dem späten Mittelalter waren die Habsburger in ununterbrochener Reihenfolge Kaiser.

Rudolf regierte nicht mehr im Herzogshof „Am Hof", sondern zog in die neu erbaute Hofburg ein. Die Stadt reichte nun schon bis zur heutigen Ringstraße und die Burg lag knapp an der Stadtmauer beim so genannten Widmertor. Die Hofburg besaß im Mittelalter prächtige, ausgemalte Räume, ein eigenes Tanzhaus, ein Badehaus, mehrere Küchen und eine sehr schöne Kapelle. Diese gotische Burgkapelle hat sich bis heute erhalten, während alles andere verändert und ständig erweitert wurde.

Heute ist die Hofburg wie ein riesiges Architekturmuseum, mit Beispielen aus dem Mittelalter, der Renaissance, dem Barock, der Klassik und dem so genannten Ringstraßenstil.

In der Hofburg befindet sich auch ein echter Schatz: kostbare Kronen, das Reichsschwert und der Reichsapfel, Kleinodien und Krönungsgewänder. Er wird in der „Schatzkammer" aufbewahrt, die zu den berühmtesten Sammlungen der Welt gehört.

Mit der REICHSKRONE wurden jahrhundertelang Könige und Kaiser gekrönt.
(Reichskrone, um 962. © Schatzkammer)

DIE STADT WIEN BEKOMMT EIN NEUES WAPPEN

Manchmal stritten sich die Habsburger untereinander um die Herrschaft. So führte Erzherzog Albrecht VI. gegen seinen Bruder Kaiser Friedrich III. offen einen Krieg, in den die Wiener hineingezogen wurden. Albrecht versuchte im Jahre 1461 mit Waffengewalt die Stadt Wien einzunehmen, der Angriff wurde aber von den Bürgern abgewehrt. Dafür bedankte sich der Kaiser: In einem Privileg erlaubte er den Wienern im Wappen einen goldenen Adler mit zwei Köpfen auf schwarzem Grund zu führen. Über diesem Doppeladler ist die Reichskrone zu sehen.

Das war eine besondere Auszeichnung. Von da an schmückte man viele Bürgerfahnen und öffentliche Gebäude der Stadt mit dem Doppeladler. Bis heute ist er noch häufig in der Stadt zu sehen, doch gilt seit dem Jahr 1925 wieder der „einköpfige Adler“ im Wappen.

Mit diesem WAPPENBRIEF erhielten die Wiener von ihrem Herrscher Friedrich III. das besondere Recht, im Wappen den Doppeladler zu führen. (Urkunde vom 26. September 1461)

Vor den STADTMAUERN WIENS herrscht geschäftiges Treiben. Zur Befestigung stehen auf dem Donauufer Schanzkörbe. Vor dem Stadttor ist der Schlagbaum aufgezogen, dahinter ragt der „Rote Turm“ mit dem rot-weißen Schachbrettmuster auf. Vom Stephansdom weht die Fahne der Stadt Wien. Rechts sind die Türme von St. Ruprecht und Maria am Gestade zu sehen. (Babenberger-Stammbaum, Tafelbild 1489/92. ⊙ Stiftsmuseum Klosterneuburg)

VON DEN MENSCHEN IN DER STADT

Im Mittelalter entwickelte sich Wien zu einer reichen Stadt, die am Beginn des 15. Jahrhunderts ungefähr 20.000 Einwohner zählte. Außerhalb der Stadtmauer lagen fünf Vorstädte, die durch einen geflochtenen Zaun geschützt waren. Die Stadt und die Vorstädte unterlagen dem Burgfrieden und der Wiener Verwaltung.

Viele Bürger, aber auch Geistliche und sogar der Herzog besaßen Weingärten in den Vorstädten. Der Weinhandel spielte für Wien eine große Rolle, doch den meisten Wein trank man selber.

Die Kaufleute gehörten zu den reichsten Leuten innerhalb der Wiener Bürgerschaft. Durch das vom Herzog verliehene „Stapelrecht“ besaßen sie ein Vorkaufsrecht. Jeder fremde Kaufmann, der durch Wien reiste, musste seine Ware in Wien vorerst „stapeln“, das heißt zum Verkauf anbieten: Tuch aus Flandern, Edelmetall und Tiere aus Ungarn, Gewürze und Seide aus Venedig. Dann erst durfte der Händler weiterreisen. So konnten die Wiener günstig einkaufen und durch den Zwischenhandel verdienen.

Die meisten Wiener Bürger – ungefähr drei Viertel – betrieben ein Handwerk. Sie schlossen sich in so genannten Zünften oder Zechen zusammen. Das Wort „Zunft“ lässt sich ableiten von „was sich ziemt“, also was sich gehört. Die Zunftbestimmungen wiesen strenge Regeln auf. Nicht jeder konnte Handwerker werden. Wenn man ein Meister werden wollte, durfte man nicht unehelich geboren worden sein und musste getauft sein. Das religiöse Leben spielte eine große Rolle bei den Zünften. Ausgeschlossen von der Mitgliedschaft blieben Frauen und Mädchen.

Der TUCHFÄRBER lässt von einer Rolle die Stoffbahn in die kochende Farbbrühe laufen.

Zwar halfen sie im Geschäft und arbeiteten in der Werkstätte mit, aber eine Gesellen- oder Meisterprüfung durften sie nicht ablegen.

Auch die Musiker und Maler vereinigten sich in Zünften, um ihre Rechte besser vertreten zu können. Viele Zünfte besaßen eigene Zunfthäuser. Dort verwahrten sie ihre Fahnen und die so genannten Zunftladen, in denen sie Dokumente, Urkunden und auch Geld aufhoben. Wurde jemand von ihnen krank, bekam er aus dieser gemeinsamen Kasse Geld. Auch Witwen und Waisen wurden unterstützt. Heute gibt es in Wien nur mehr wenige Zunft- oder Innungshäuser, wie sie jetzt heißen.

Im frühen Mittelalter siedelten die Zunftgenossen in enger Nachbarschaft. Viele Straßennamen erinnern daran, dass sich dort ihre Werkstätten und Wohnungen nebeneinander befunden haben: die Bäckerstraße, die Goldschmiedgasse, die Naglergasse, die eigentlich Nadlergasse heißen müsste. Die Krugerstraße wurde auch Kruggasse genannt, dort konnte man Krüge und Tonerzeugnisse kaufen. In der Bognergasse werkten die Armbrust- und Bogenerzeuger, in der Riemergasse waren die Riemenhersteller ansässig. Die Wipplingerstraße wiederum leitet ihre Bezeichnung von den „Wildwerkern“, so hießen früher die Kürschner, ab. Die Tuchlauben hat ihren Namen von den Tuchhändlern bekommen, die in überdeckten Gängen, den Lauben, ihre Stoffe anboten. Die Tuchmacher gehörten der ältesten Zunft in Wien an, sie wurde 1288 gegründet.

Der TÖPFER dreht geschickt die Töpferscheibe und formt mit der Hand das Gefäß.

STADTLUFT MACHT FREI

Es gab in der Stadt noch eine große Personengruppe: die „Inwohner“. Sie hatten keinen Besitz, ihnen gehörte kein Grund und Boden und kein Haus und kein Geschäft. Sie waren Taglöhner, Diener, Knechte und Mägde, fahrende Musiker, Wanderhändler, Bettler und oft sind sie erst neu in die Stadt gezogen. Sie hatten keine besonderen Rechte. Doch während am Land die Bauern für den Grundherrn einen Teil ihrer Zeit umsonst arbeiten mussten, waren die Menschen in der Stadt frei und mussten niemandem ohne Lohn dienen. Das lockte viele Landleute in die Stadt, denn sie dachten: „Stadtluft macht frei.“

Die Bürger hatten im Gegensatz zu den Inwohnern mehr Rechte, andererseits mussten sie Steuer zahlen. Zu den Bürgern gehörten vor allem die Kaufleute, die Hausgenossen (Bankiers) und die Handwerker. Wenn sie angesehen waren und ein Haus besaßen, konnten die Bürger in der Stadtverwaltung mitbestimmen. Da aber viele Handwerker keine eigenen Häuser hatten, blieben sie oft vom Stadtrat ausgeschlossen. Eine sehr wichtige Aufgabe der Bürger war die Verteidigung der Stadt.

Neben den Bürgern und Inwohnern gab es im Mittelalter eine weitere Schichte der Bevölkerung, die so genannten „Privilegierten". Sie genossen ebenfalls den Schutz der Stadt, waren aber von den Lasten, die die Bürger zu leisten hatten, befreit. Zu diesem Personenkreis zählte der Landesherr und sein gesamter Hof: Um die Familie des Herrschers gruppierte sich ein stets anwachsender Kreis von Bediensteten und Adeligen. Diese siedelten sich gleich in unmittelbarer Nähe der Hofburg an – die „Herrengasse" erinnert heute noch daran.

Dieses Bild zeigt eine der ältesten Stadtansichten von WIEN MIT EINER VORSTADT. Der hohe Stephansturm ist schon seit 20 Jahren fertig. Die Stadtmauer mit ihren Zinnen ist gut zu sehen. Davor liegt die Vorstadt Wieden, die im Mittelalter mit einem Flechtzaun geschützt war.
(Ausschnitt aus dem Tafelbild „Die Flucht aus Ägypten", Meister des Wiener/Schottenaltars, um 1470. © Schottenstift Wien)

Ebenfalls zu den „Privilegierten" gehörten die Mitglieder der Universität, die im Jahre 1365 gegründet wurde. Unter den Studenten dürften sich stets recht lustige Burschen befunden haben, die gerne auf den Straßen laut sangen und musizierten. Das erregte den Unmut des Stadtrates. Es kamen Bestimmungen heraus, nach denen ein Student schwer bestraft wurde, wenn er in der Nacht mit einem Musikinstrument angetroffen wurde. Frauen und Mädchen durften, wie auch in den folgenden Jahrhunderten, nicht auf die Universitäten gehen. Ebenfalls zu den „Privilegierten" zählten die Geistlichen, die in den Pfarrkirchen und Klöstern der Stadt lebten, wie auch bis zu ihrer Vertreibung im Jahre 1421 die Juden.

DIE JUDENSTADT VON WIEN

Die erste Ansiedelung von Juden mit ihren Familien lässt sich für die Zeit um 1190 nachweisen, als der Jude Schlom als Münzmeister nach Wien berufen wurde. Die jüdische Bevölkerung bildete im Mittelalter eine eigene Gemeinde in der Stadt. Sie lebte und arbeitete in einem abgeschlossenen Wohnbezirk, der mit Mauern umgeben war und durch vier Tore betreten werden konnte. Das Zentrum dieses Viertels bildete die Synagoge, die um 1250 am heutigen Judenplatz errichtet worden war. Das Spital und das Haus des Rabbiners befanden sich ebenfalls dort.

Die Synagoge wurde in den folgenden 150 Jahren zu einem imposanten Gebäude erweitert. Die größte Ausdehnung erreichte die Judenstadt um 1400: Dicht verbaut reihten sich die meist zweistöckigen Häuser, nur durch enge Gässchen getrennt, von der heutigen Schultergasse im Osten bis zur Färbergasse im Westen. Im Norden reichte dieses Gebiet über die Wipplingerstraße hinaus, im Süden bis zur Kirche „Am Hof". Damals gehörten ungefähr 800 Menschen der jüdischen Gemeinde an.

Die Überreste der SYNAGOGE wurden vor einigen Jahren unter dem Judenplatz entdeckt. Über 500 Jahre waren die Spuren der mittelalterlichen Judenstadt verborgen geblieben. Heute sind ihre Mauern im unterirdischen MUSEUM JUDENPLATZ zu besichtigen. Dieser Raum ist der Erinnerung an die Opfer der Vertreibung und Ermordung der Juden in Wien von 1420/21 gewidmet.

Der hebräische Ausdruck für Synagoge lautet „Bet ha-knesset", was „Haus der Versammlung" bedeutet. An der Ostwand jeder Synagoge befindet sich ein Schrein, in dem die Torarollen aufbewahrt werden. In jeder Synagoge brennt ein ewiges Licht. In einer Synagoge wird nicht nur gebetet, sondern auch gelernt. Ihr Hauptraum war daher die so genannte „Männerschul", der gleichzeitig als Lehrraum und Betraum für die Buben und Männer diente, sowie ein kleinerer angebauter Raum als „Frauenschul" für die Mädchen und Frauen. Berühmte Rabbiner unterrichteten in der Wiener Synagoge, die sich zu einem bedeutenden Zentrum der Gelehrsamkeit und jüdischen Wissens entwickelte. Der Rabbiner nahm in der mittelalterlichen jüdischen Gemeinde eine wichtige Stelle ein. Er war nicht nur als Lehrer, sondern auch als Richter tätig. Auch galt er als Experte für jüdisches Recht und war zuständig für alle Zeremonien des Lebens und der Feiertage.

Gebote und Verbote der Tora, der schriftlichen Überlieferung der Bücher Moses, durchdrangen alle Bereiche des Lebens in der Gemeinde und in den jüdischen Familien. Der wöchentliche Festtag war der Schabbat – der Samstag –, an dem die Menschen sich vom geschäftigen Alltag loslösen sollten und an dem daher Arbeitsverbot bestand.

Die Häuser in der Judenstadt waren unterschiedlich ausgestattet, denn es gab wie überall Arme und Reiche. Besonders schöne Geschäfte besaßen die Geldhändler. Dort wurden die Münzen nicht gezählt, sondern nach ihrem Silber- und Goldgehalt gewogen. Die Juden galten als Spezialisten

Auf dieser KETUBA, einer jüdischen Heiratsurkunde, sind Braut und Bräutigam dargestellt. Die junge Frau heißt Blume und trägt auch eine Blume bei sich, während der Mann schon den Ring für sie hochhält. Bei der Trauungszeremonie wird er ihr diesen Ring anstecken und folgenden Spruch sagen: „Siehe, du bist mir angeheiligt mit diesem Ring nach den Gesetzen von Moses und Israel.“

für Geld und Edelmetall: Sie erfüllten Aufgaben, die in der wachsenden Stadt notwendig geworden waren: So arbeiteten sie in der Münzproduktion ebenso wie vor allem im Kreditwesen. Solche Kreditgeschäfte waren durch umfangreiche Bestimmungen geregelt und erfolgten immer in Zusammenarbeit mit dem Herzog, also dem Landesherrn.

Der Herzog sollte daher den Menschen in der Judenstadt immer Schutz gewährleisten. Allerdings brach Herzog Albrecht V. mit diesem Recht: Unter seiner Regierungszeit kam es zu furchtbaren Ereignissen. Schon im Jahr 1406 war ein Feuer in der Judenstadt ausgebrochen und die Bewohner wurden geplündert, ohne dass eingeschritten wurde. Albrecht ließ auch Juden aus ganz Österreich gefangen nehmen, um sie mit Zwang christlich taufen zu lassen. Viele Juden wurden gefoltert und erpresst. Im Jahr 1421 wurde dann die mittelalterliche jüdische Gemeinde in Wien auf das Grausamste vernichtet: Die Juden wurden beraubt und vertrieben; die in Wien Zurückgebliebenen mussten den Feuertod erleiden.

Anschließend ließ der Herzog die Judenstadt zerstören. Die Steine der Synagoge verwendeten Handwerker für den Neubau der Wiener Universität. Nichts sollte mehr an die jüdische Gemeinde erinnern. Der Platz wurde aufgeschüttet und erhielt wenige Jahrzehnte später den Namen „Judenplatz“. So blieben die Spuren der mittelalterlichen Judenstadt in Wien 500 Jahre verborgen, bis sie im Jahr 1995 von Archäologen unter der Erde entdeckt und ausgegraben werden konnten. Heute steht ein Mahnmal der britischen Künstlerin Rachel Whiteread auf dieser Stelle am Judenplatz, und die mittelalterlichen Reste der Synagoge sind durch einen Museumstunnel unterirdisch zugänglich gemacht worden.

HANDEL UND MARKT

Der älteste Platz, der sich bis heute erhalten hat, ist der „Hohe Markt". Er wurde in der Nähe des Berghofs – dem Zentrum des ältesten Wien – um 1200 angelegt. Das war zu jener Zeit, in der die neue Ringmauer mit dem Lösegeld von Richard Löwenherz erbaut wurde. Die Stadt war größer geworden und brauchte einen großen Marktplatz.

Der Name „Hoher Markt" verrät schon, dass er als „Hauptmarkt" etwas Besonderes war. Denn dort gab es nicht nur alle Waren zu kaufen, er diente auch mehr als 500 Jahre als Gerichtsstätte. Viele Todesurteile verkündeten die Stadtrichter am Hohen Markt unter freiem Himmel. Der Verurteilte wurde öffentlich auf dem Balkon der Schranne, so hieß das städtische Gerichtsgebäude, zur Schau gestellt und dann durch den Scharfrichter hingerichtet.

Bei kleineren Vergehen bekam man Ehrenstrafen wie die Anwendung des so genannten „Narrenkötterls". Das war eine Art Menschenkäfig aus Eisen und Holz, in den jeder Vorbeigehende hineinschauen konnte. In dieses Narrenkötterl, das sich gegenüber der Schranne befand, sperrte man Randalierer, Trunksüchtige, zu laute Nachtschwärmer, Zauberer, Wahrsager, Prostituierte und überhaupt alle Ruhestörer. Marktbesucher und Schaulustige verspotteten und verhöhnten dann die Gefangenen.

Es wurden auch Körperstrafen angewendet, durch die der Verurteilte sein ganzes Leben gezeichnet blieb. Dazu gehörten das Abhacken einer Hand, das Körperbrennen mit glühenden Zangen, das Einbrennen von

Im Mittelalter tanzten die Menschen gerne einen REIGEN. Der Vortänzer hält einen Stab in der Hand, ein Musikant bläst auf einer Schalmei. Die Tänzerinnen und Tänzer tragen modische Schnabelschuhe. Diese Darstellung wurde erst vor einigen Jahrzehnten unter dem Mauerverputz einer Wohnung entdeckt und wieder hergerichtet. Sie ist die älteste Wandmalerei in Wien, die nicht einem kirchlichen Zweck diente.
(Um 1407. ⊙ Neidhart-Fresken)

entehrenden Zeichen wie einem Rad oder einem Galgen auf Stirn und Wange. Diese Menschen, die einen Streit begonnen oder einen Diebstahl begangen hatten, wurden dann noch oft an den Pranger – zur Belustigung des Publikums – zur Schau gestellt.

Am Hohen Markt wurden die verschiedensten Lebensmittel angeboten. Auf einem Teil des Platzes befand sich der Fischmarkt mit einem Brunnen, der Gassenname Fischhof erinnert heute noch daran. Doch die Fischhändler, die keinen Hut aufsetzen durften, damit sie so rasch wie möglich ihre verderbliche Ware verkauften, und die „Kreusserinnen", so hießen damals die Frauen, die Krebse anboten, sind längst verschwunden.

Auch Brot und Brotteig, Hühner, Butter, Schmalz und Käse konnte man an gewissen Wochentagen kaufen. In den Kellergewölben der umliegenden Häuser vertrieben die Kaufleute Kerzen, Stoffe, Schuhe und Kleider. Prächtig ausgestattete Zunfthäuser umsäumten den Hohen Markt.

Schon bald reichte der Hohe Markt trotz seines reichen Warenangebotes nicht mehr aus, die Wiener zu versorgen, und so wurde um das Jahr 1230 der „Neue Markt" gegründet. Als großzügiger Platz besteht er ebenfalls bis heute. Im Mittelalter war er der Hauptumschlagplatz für Mehl und Getreide. In der Mitte befanden sich ein Pranger und ein Brunnen. Dort

Auf dem HOHEN MARKT standen viele Zunfthäuser der Handwerker und die Gerichtsstätte. Das auffallendste Gebäude war die Schranne (Nr. 41), wie das Gerichtsgebäude genannt wurde. Davor ist das Fischbrunnenhaus zu sehen. Unter den zwei Lindenbäumen wurde der Fischmarkt gehalten. Auf dem Platz befand sich auch der Pranger (Nr. 40).
(Ausschnitt aus dem Plan von Jakob Hoefnagel, 1609/1683. © Wien Museum Karlsplatz)

Das BÄCKERSCHUPFEN war eine gefürchtete Strafe. Der Bäcker wurde in einen Holzkäfig eingeschlossen und mehrmals in das Wasser getaucht. Das letzte Bäckerschupfen fand unter der Regierung Maria Theresias statt. Aus dieser Zeit stammt das Bild.

wurden vor allem Betrüger bestraft, die ein falsches Maß oder Gewicht verwendet hatten. Eine besonders grausame Strafe war das Bäckerschupfen. Hatte ein Bäcker das Brot zu klein gebacken und wurde dabei ertappt, so setzte man ihn in einen Käfig und tauchte ihn in das kalte Brunnenwasser am Neuen Markt. Diese Strafe wurde später vor den Stadttoren im heutigen Donaukanal ausgeführt. Einmal ist sogar ein Bäcker dabei ertrunken. Das letzte Bäckerschupfen fand im Jahre 1773 in der Roßau statt.

Zu den ganz großen Märkten zählte neben dem Hohen Markt und dem Neuen Markt auch der Platz „Am Hof". Daneben gab es auf verschiedenen Plätzen Spezialmärkte. Die heutigen Straßennamen erzählen davon: So wurde am Fleischmarkt mit Fleisch gehandelt und der Kohlmarkt war der Umschlagplatz für Holzkohle. In der Nähe des Stephansdoms befand sich ein Rossmarkt, der später zum Stock-im-Eisen-Platz wurde.

DAS LEBEN IN DER STADT

Aus dem mittelalterlichen Wien hat sich verhältnismäßig wenig Sichtbares im heutigen Stadtbild erhalten. Nur die Kirchen bilden eine Ausnahme. So stehen noch die Ruprechtskirche, Maria am Gestade, die Michaelerkirche und die Minoritenkirche, um nur einige zu nennen, und natürlich gibt es den Stephansdom. Aber von den vielen Häusern, die im 15. Jahrhundert schon zwei oder drei Stockwerke besaßen, findet man fast nichts mehr. Stadtbrände und Belagerungen haben ihnen arg zugesetzt.

Und manches hat sich nur im Verborgenen erhalten. So verstecken sich hinter dem Verputz vieler Häuser in den alten Gassen, wie zum Beispiel der Naglergasse, der Schönlaterngasse oder Am Gestade, noch mittelalterliche Mauern. Erst vor einigen Jahrzehnten wurde in dem Haus auf der Tuchlauben Nr. 19 ein sensationeller Fund gemacht. Beim Abschlagen des alten Verputzes in einem Wohnraum entdeckten die Arbeiter Wandmalereien aus der Zeit um 1407. Heute ist dort ein Museum eingerichtet.

Wien hatte im Mittelalter gepflasterte Straßen, doch sind die alten Steine längst überdeckt. So hat sich in der Wollzeile der Straßenverlauf kaum verändert, aber die Straße selbst ist fast vier Meter in die Höhe gewachsen. Immer wieder hat man eine neue Fahrbahn aufgelegt.

Beim Graben eines U-Bahn-Tunnels entdeckten die Archäologen einen mittelalterlichen Abfallhaufen. Zwischen Scherben von Gefäßen fanden sie auch Zwetschgenkerne. Eine Sammlung von wieder zusammengesetzten Krügen, Kochgeschirr und Kinderspielzeug ist heute gleich in der U-Bahn-Station Stephansplatz beim Eingang zur Virgilkapelle zu sehen. Die Gefäße sind aus Ton hergestellt, auch das Kochgeschirr. Im Mittelalter wurde, wie bis in die Mitte des 19. Jahrhunderts, auf offenem Feuer gekocht.

Die erste öffentliche Wasserleitung wurde im Jahr 1564 angelegt. Dazu wurde das Wasser aus Zuflüssen des Alsbaches entnommen und mit Bleiröhren in die Stadt geleitet. Der wichtigste Brunnen dieser Wasserleitung stand am Hohen Markt.

DAS ENDE DES MITTELALTERS

In Wien lebten um 1500 bereits 50.000 Menschen und in den Vorstädten ungefähr weitere 10.000. Die Stadt hatte sich zu einem blühenden Handelszentrum entwickelt. Im Jahr 1493 übernahm Maximilian I., der letzte Ritter, die Regentschaft. Er war als kleines Kind mit seinen Eltern in der Hofburg von den Wienern belagert worden. Das hat er der Stadt nie verziehen. Er wählte Innsbruck zu seiner Residenz und nahm den Wienern viele Rechte weg. So verlor Wien seine Bedeutung als Handelsstadt.

Kaiser Maximilian betrieb eine geschickte Heiratspolitik. Er verheiratete seine Enkelkinder mit den ungarischen und böhmischen Thronfolgern. So kamen die Länder Ungarn und Böhmen an Österreich und blieben bis zum Ende der Monarchie im Jahre 1918 dabei.

KLEINE CHRONIK

881 Erwähnung des Namens „Wien".

976 Die Babenberger werden als Markgrafen genannt.

1137 Erste Nennung des Namens „ostarrîchi" (=Österreich).

1156 Wien wird Residenzstadt.

1221 Neues Stadtrecht für Wien mit Vorrechten für den Handel (=Stapelrecht).

1246 Ende der Babenbergerherrschaft.

1278 Rudolf von Habsburg besiegt den Böhmenkönig Přemysl Ottokar. Beginn der Herrschaft der Habsburger.

1284 Die Häuser Wiens dürfen zwei Stockwerke haben.

1365 Gründung der Universität.

1421 Grausame Judenverfolgung in Wien.

1498 Gründung der Hofmusikkapelle (Wiener Sängerknaben).

ZUR GESCHICHTE DES STOCK-IM-EISEN

Seit der Stock-im-Eisen zum Schutz hinter eine Plexiglaswand verbannt wurde, bemerken ihn die Vorbeihastenden kaum. Der Holzstock ist an seiner Vorderseite voll mit Nägeln wie mit einem Eisenpelz bedeckt. Ein eisernes Band, das mit einem Schloss zusammengehalten wird, umgibt ihn. Mit der Radiokohlenstoffmethode kann man sein Alter bestimmen: Die Fichte wurde um 1440, also vor über 560 Jahren, gefällt. Forscher haben entdeckt, dass man bereits in den lebenden Baum Nägel eingeschlagen hat. Und auf noch etwas stießen sie: Jedes Jahr im Juni wurden in den lebenden Baum tiefe Kerben geschlagen. Geschah diese Verletzung im Rahmen eines Festes?

Der Stock-im-Eisen wurde im Jahre 1533 zum ersten Mal erwähnt. In jener Zeit war er schon gefällt und lag bei einem Brunnen auf dem heutigen Stock-im-Eisen-Platz. Dann wurde er an einem Haus angebracht. In dieser Gegend befand sich damals der bevorzugte Standort der Schlosser, der Zinngießer und der Eisenkramer. Die Schlosser erklärten den Stock zu ihrem Zunftwahrzeichen. Jeder wandernde Schlossergeselle schlug, bevor er die Stadt wieder verließ, einen Nagel zur Erinnerung ein. Die jüngsten Nägel stammen von Arbeitern des U-Bahn-Baues.

LIXL ERZÄHLT DAZU

Ich blättere für mein Leben gern in alten Büchern. Da hab ich das Tagebuch eines Johann Georg König gefunden. Er war ein Mönch aus der Schweiz und besuchte Wien vor ungefähr 190 Jahren. Heute klingt seine Sprache etwas altertümlich. Ich lese:

„Linkerhand bei einem Gewölb zeigte man mir den Stock im Eisen, das ist ein großer Stock, umgeben mit einem eisernen Band. Man sagt, der Teufel habe dies Band mit einem so wunderlichen Schloss zusammen verschlossen, dass niemand ein Schlüssel dazu machen könne; sollt aber ein Schlossergesell einen dazu machen können, wird er Meister werden. Man berichtete mir, einer sei so weit gekommen, hab es öffnen können, daher den Schlüssel vor Freuden in die Höh geworfen, der aber nicht mehr herunter gefallen, noch gefunden worden ist, mithin auch nicht Meister worden. Wann ein Schlossergesell von hier verreist, schlaget er einen Nagel ein zum Denkzeichen.“

Soweit dieser Bericht in der damaligen Sprache.

Der STEPHANSDOM liegt auf diesem Bild noch auf einem abgeschlossenen Platz mit Toren. Rechts neben der Stephanskirche ist die Maria-Magdalena-Kapelle erkennbar. Dort wurden die Verstorbenen aufgebahrt und die Totenmessen gelesen. Sie war aber auch Sitz der Schreiberzunft, der Vereinigung aller Notare Wiens. Die Kapelle ist vor mehr als 200 Jahren abgebrannt, von der kleinen Anlage hat sich nur die Unterkirche erhalten. Sie kann in der U-Bahn-Station Stephansplatz besichtigt werden. (Ausschnitt aus dem Plan von Jakob Hoefnagel, 1609/83. © Wien Museum Karlsplatz)

III. DER STEPHANSDOM EINE KIRCHE VOLLER GEHEIMNISSE

Wie ein Zeigefinger ragt der Hohe Turm in den Himmel. Die Domkirche St. Stephan ist das Wahrzeichen von Wien. Viele Jahrhunderte wurde an diesem Dom gebaut und jede Zeit hat ihre Spuren hinterlassen. Seine ältesten sichtbaren Teile sind mehr als 800 Jahre alt und sie erzählen von guten und bösen Tagen.

Nicht jedem gibt der Stephansdom seine Geschichten preis. Nur wer ihn lange betrachtet und wunderliche Dinge sucht, der kann auch vieles erfahren. Denn der Stephansdom steckt voller Geheimnisse. So gibt es merkwürdige Zeichen und Tiere, Zahlenrätsel, seltsame Figuren und vieles mehr. Nichts ist an ihm zufällig, alles hat seine ganz bestimmte Bedeutung, die die Menschen früher genau gewusst haben.

Die Baustile der ROMANIK und GOTIK lassen sich an ihren unterschiedlichen Toröffnungen vergleichen. Das romanische Tor wird mit einem Rundbogen abgeschlossen, während das gotische in einem Spitzbogen zusammenläuft. Der gotische Baustil löste im Mittelalter den romanischen ab.

DIE ENTSTEHUNGSGESCHICHTE

Mächtig steht der Dom heute auf dem Stephansplatz – kunstvoll aus vielen tausend Tonnen Sandstein zusammengefügt. Seine wesentliche Gestalt erhielt der Stephansdom während der Zeit des Mittelalters: Er ist die größte Kirche Österreichs im Baustil der Gotik. Nur sein geheimnisumwitterter Westbau, bestehend aus dem Riesentor und den beiden Heidentürmen, ist noch älter und gehört der Romanik an.

Wie bei anderen Kirchenbauten liegen die Anfänge des Stephansdoms im Dunkeln. Doch verfolgen zurzeit die Archäologen eine neue heiße Spur in seiner Entstehungsgeschichte. Als nämlich im Jahr 2000 eine moderne Warmluftheizung im Dom verlegt wurde, musste an einigen Stellen der Fußboden geöffnet werden. Dabei stießen die Forscher auf eine Sensation: Unter dem dicken Kirchenboden aus Marmor fanden sie beinahe 1700 Jahre alte römische Gräber. Zusätzlich entdeckten die Wissenschaftler Mauerreste von Vorgängerbauten: Seither wird die Baugeschichte der Wiener Domkirche umgeschrieben, ist sie doch viel älter, als man bisher gedacht hatte. Diese Funde brachten zwar neue Erkenntnisse, aber auch weitere Rätsel, da nicht das gesamte Gebiet unter der Kirche untersucht werden konnte. Nur vier Baulöcher wurden für die Heizung ausgehoben, durch die die Archäologen wie durch kleine Fenster in die Vergangenheit blickten. Viele interessante Gräber ruhen daher weiterhin unentdeckt im Verborgenen. Eines steht aber fest: Der Stephansdom wurde nicht zufällig an seinem heutigen Standort errichtet. In der Zeit um 300 nach Christus befand sich hier eine heilige Stätte: Denn die Römer hatten auf diesem Platz knapp außerhalb der Lagermauer von Vindobona einen Friedhof angelegt. Diesen benutzten ungefähr 500 Jahre später jene Menschen, die sich innerhalb der ehemaligen römischen Mauern angesiedelt haben. Ihre Religion war das Christentum und vielleicht gehörte zu diesem Friedhof um 800 schon eine kleine Kirche?

Von manchem Wissenschaftler wird vermutet, dass Sankt Stephan vier Vorgängerbauten gehabt haben soll. Um 1300 begann eine vollkommene Neugestaltung: Eine noch größere Kirche im neuen Stil der Gotik sollte entstehen. Bei diesem letzten großen Umbau gingen die Baumeister besonders geschickt vor. Sie vergrößerten die Kirche, indem sie zuerst die neuen Mauern außen herum anlegten und dann erst die alten niederrissen. So konnten die Gottesdienste ohne Unterbrechung abgehalten werden. Das war wichtig, denn die Bauzeit betrug nicht einige Jahre, sondern über 150 Jahre. So lange dauerte es, bis der gotische Chor, das gotische Langhaus und der hohe Südturm fertig waren.

Das RIESENTOR und sein Vorbau gehören zu den ältesten Teilen des Stephansdoms. Die Menschen- und Tierdarstellungen aus Stein geben heute noch manche Rätsel auf. Archäologen fanden bei Erneuerungsarbeiten 1996 unter dem Tor geheimnisvolle Gräber.

DAS RIESENTOR UND DIE HEIDENTÜRME

Heute betreten die meisten Besucher den Dom durch das Riesentor. Sein Name wird durch fantastische Geschichten erklärt: So sollen hier zum Beispiel Riesen zur Taufe gegangen sein. Eine wahre Geschichte erzählt wiederum, dass beim Bau des Nordturms ein riesenhafter Knochen gefunden wurde, den man Riesen zuschrieb und der beim Tor aufgehängt wurde. Dieser Knochen stammt in Wirklichkeit von einem Mammut und wird heute in der Wiener Universität aufbewahrt. Ob der Name des Tores aber wirklich von ihm stammt?

Viel eher könnte es sein, dass sich das Wort „Riesentor" von einer Vorform unserer heutigen Sprache, dem so genannten Mittelhochdeutsch, ableitet. Die spitz zulaufenden Helme der Türmchen wurden „Risen" genannt. Und da das Tor auch spitz und schräg wie ein Trichter zusammenläuft, ist vermutlich daraus die spätere Bezeichnung „Riestor" und dann „Riesentor" geworden.

Diese RICHTERFIGUR wird gerne als „Dornauszieher“ bezeichnet. Es handelt sich um eine vornehme Persönlichkeit, die eine Kette und einen Armreif trägt.

Außen am Dom, am Vorbau des Riesentores, befinden sich in rechteckigen, kastenförmigen Nischen eigenartige Figuren, deren Bedeutung nicht immer ganz klar ist. So gibt es einen Mann mit übereinander geschlagenen Beinen, der fast so aussieht, als würde er sich einen Dorn aus seinem Fuß ziehen, deshalb heißt er auch „Dornauszieher“. Andere wiederum meinten, er ziehe sich eine Sandale aus, und nannten ihn daher „Sandalenlöser“. So hat jeder beim Betrachten dieser Figur seine eigene Vorstellung. Vermutlich handelt es sich aber bei diesem Mann um einen Richter. Denn im Mittelalter haben die Bildhauer die Richter gerne mit übereinander geschlagenen Beinen dargestellt. Jeder hat dann gewusst, mit dieser Figur ist ein Richter gemeint.

Im Mittelalter waren Kirchentore oft ein Ort, wo Gericht gehalten wurde. Und so ist noch eine Figur am Riesentor als Richter zu sehen: Jesus

Im Bogenfeld des Riesentores thront JESUS CHRISTUS als Weltenrichter. Unter den Babenbergern war das Riesentor eine Stätte der Rechtssprechung.

Christus. Im Bogenfeld über dem Eingang thront auf einem Regenbogen Christus als Weltenrichter. In der linken Hand hält er das Buch des Lebens, die Rechte ist segnend erhoben. Sein linkes Knie ist entblößt. Auch das hat wiederum eine Bedeutung: Es soll damit ausgedrückt werden, dass Christus der Herrscher ist. Sein Gefolge, die Apostel und die Engel, blicken auf ihn.

Auf dieser ÄLTESTEN STADTANSICHT von Wien ist schon der STEPHANSTURM zu erkennen. Der zierlich durchbrochene Turmhelm von Maria am Gestade hebt sich deutlich von der Dachlandschaft ab. Dahinter sieht man die Höhen des Wienerwaldes. Auf der rechten Bergkuppe, dem heutigen Leopoldsberg, erhebt sich eine alte Burg, die von den Babenbergern erbaut wurde.

(Ausschnitt aus dem Tafelbild „Joachim und Anna an der Goldenen Pforte", Albrechtsaltar, um 1438/39. ⊙ Sebastianskapelle des Stiftes Klosterneuburg)

Die meisten Leute konnten im Mittelalter zwar nicht lesen und schreiben, dafür wussten sie aber den Inhalt vieler Bilder und Figuren zu deuten. Diese Kenntnis ist verloren gegangen, und heute müssen wir versuchen, die Gedanken der Menschen aus alter Zeit zu erforschen und zu verstehen. Das ist nicht immer ganz einfach und viele Dinge können wir heute nur vermuten.

Christus herrscht auch über die dämonischen und bösen Wesen. So sind am Riesentor die merkwürdigsten Tiere angebracht: unheimliche Drachen, Löwen und ein Basilisk, der als König der Schlangen gilt. Nach den Vorstellungen der Menschen im Mittelalter umlagern diese Dämonen und Tiere das Haus Gottes und versuchen verlassene Altäre zu besetzen. Zwar werden sie von Christus niedergehalten, aber sie sind immer gegenwärtig. Das Riesentor war früher einmal bunt bemalt, doch ist die Farbe längst abgeblättert.

Rätsel gibt ein fast kaum erkennbarer Kreis links neben dem Riesentor auf: Ist er eine Maßangabe für die Größe eines Brotlaibes? Konnte man hier nachmessen, wenn man ein zu kleines Brot gekauft hatte, und dann die Bestrafung des Bäckers verlangen? Die neueste Forschung nimmt an,

In der Mitte des RIESENTORES hocken verschiedene Tiere aus Stein. Aber auch ganze Szenen sind zu entdecken:
DER TEUFEL FÄNGT DEN NARREN. Der Narr trägt eine Schelmenmütze und hält ein Zepter in der Hand. Der Teufel ist durch Hörner gekennzeichnet.
(⊙ Stephansdom, Relief an der linken Seite des Riesentors)

dass sich hier einmal die Türangel des Gitters vom Riesentor befunden hat, die beim Drehen diesen Kreis in die Mauer einritzte.

Die darunter angebrachten zwei Eisenstangen stellen Längenmaße dar:

Die obere misst 77,7 Zentimeter und wird die „kleine Elle" genannt, die andere ist 89,7 Zentimeter lang und entspricht dem Maß der „großen Elle". Diese beiden Maße stehen in einer besonderen Beziehung zueinander. Die „kleine Elle" ist genau die Höhe des gleichseitigen Dreiecks mit der Seitenlänge der „großen Elle". Aber warum sind diese Maße an der Kirche befestigt? Dienten sie nur als Richtmaß oder hatten sie noch einen anderen Sinn?

Fragezeichen über Fragezeichen. Manche Forscher vermuten, dass der Stephansdom nach einer ganz bestimmten Maßeinheit gebaut wurde. Vielleicht dienten die Maßstäbe der kleinen und großen Elle den Baumeistern als Grundmaß für ihre komplizierten Berechnungen? Sicher scheint, dass dem Stephansdom ein Zahlengeheimnis als Baugedanke zu Grunde liegt. Für die Konstruktion des Stephansdoms dürfte die Schlüsselzahl 37 maßgeblich sein. Mit dieser Zahl hat der Meister des Stephansdomes seine Werkzahlen für den Bau gewonnen. Damals wurde allerdings mit Klafter und Wiener Fuß gemessen.

Die Heidentürme verraten durch ihren Namen, dass sie schon sehr alt sind. Ihre Fundamente in der Erde sind unter Verwendung von Steinen der ehemaligen römischen Lagermauer angelegt worden. Und immerhin waren die Römer noch keine Christen, sondern so genannte „Heiden". Die Heidentürme überragen nur ganz wenig das heutige Dach. Ihre Höhe beträgt 65,60 Meter, das ist beinahe die Hälfte des hohen Südturms.

DIE GOTISCHE HALLENKIRCHE

Knapp nach dem Jahr 1300 begann ein weiterer Umbau des Stephansdoms im gotischen Stil. Zuerst wurde im Osten, dort wo sich der Hochaltar befindet, der neue Chor gebaut. Das war der Platz für die Mönche und Priester, die im Chor sangen und beteten.

Ungefähr 50 Jahre später legte Herzog Rudolf IV. den Grundstein für das neue Langhaus und den hohen Südturm. Bei diesem feierlichen Fest verwendete er eigens dafür aus Silber angefertigte Werkzeuge wie eine Maurerkelle und eine Haue. Das Vorhaben war gewaltig. Der ehrgeizige Herrscher wünschte sich die Kirche als Bischofssitz. Das gelang ihm allerdings nicht, Wien unterstand weiter dem Bischof von Passau.

Aber wer brachte die riesigen Summen für den Bau auf? Im Laufe der Zeit übernahmen die Wiener Bürger die Verwaltung des Baues. Sie gründeten eine „Kirchenfabrik", die das Geld kontrollierte und beim Bau mitverantwortlich war. Und viele Wiener spendeten für die Ausschmückung des Doms. Auch öffentliches Geld wurde verwendet.

Die Aufgaben zum Bau des Doms waren verteilt: Der Herrscher galt als der Schutzherr, ein Kirchenmeister und ein Baumeister sorgten für die Ausführung. Der Baumeister leitete die Bauhütte, der zwischen sieben

HERZOG RUDOLF IV., DER STIFTER (1339–1365)

Der Habsburgerprinz Rudolf war eine sehr eigenwillige Persönlichkeit. Er wuchs in der Wiener Burg auf und genoss eine sorgfältige Erziehung. Rudolf konnte schreiben – was im Mittelalter nicht selbstverständlich war – und erfand sogar eine Geheimschrift.

Mit 14 Jahren heiratete er die erst elfjährige Katharina von Böhmen, die Tochter des Kaisers Karl IV. Mit 19 übernahm Rudolf die Herrschaft über das Herzogtum Österreich. Er wollte Wien ähnlich prunkvoll wie Prag, die Stadt des deutschen Kaisers, ausgestalten. Dabei verfolgte Rudolf IV. ein ehrgeiziges Programm: Der Stephansdom sollte zu einem großen gotischen Dom mit hohen Türmen umgebaut werden. Als Schmuck wünschte er am Dom viele Fürstenfiguren, die ihn und seine Familie darstellen.

Im Jahre 1365 gründete er in Wien die Universität. Um seine Macht zu stärken, erfand er Urkunden über die Bedeutung Österreichs. Er starb mit 26 Jahren in Mailand. Sein Leichnam wurde in persischen Seidenbrokat eingehüllt, in Rindshaut eingenäht und nach Wien überführt. Das nebenstehende Bild hing ursprünglich im Stephansdom, in dem sich Rudolf sein Grabmal hatte errichten lassen.

(Porträt Rudolf IV., um 1365. ⊙ Dom- und Diözesanmuseum)

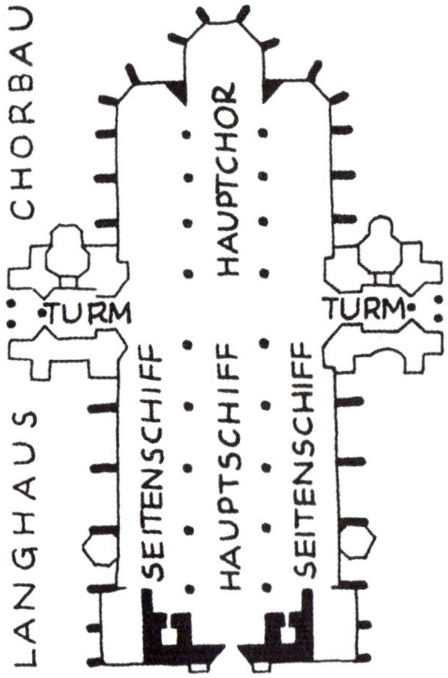

und 21 Steinmetzen angehörten. Die Bürger kümmerten sich um die Finanzierung und besaßen ein Mitspracherecht.

Für ihren Kirchenraum wünschten sich die Wiener etwas Besonderes: Er sollte ganz einheitlich wie eine große Halle geschaffen sein. Und so wurde er auch ausgeführt. Alle drei Kirchenschiffe sind fast gleich hoch und werden von einem einzigen riesigen Dach überspannt. Mächtige Pfeiler, die bis zu drei Meter stark sind, stützen die kunstvolle gotische Decke. Dieses komplizierte Netzrippengewölbe hat der Baumeister Hans Puchsbaum entworfen.

Die Ausmaße des Langhauses sind eindrucksvoll. Die Höhe des Mittelschiffes beträgt 28 Meter. Es würde also ein Haus mit ungefähr acht Stockwerken hineinpassen. Die Breite weist 38,90 Meter auf und der ganze Dom hat eine Innenlänge von 91,80 Meter. Trotz dieser Größe wirkt die Halle harmonisch. Schlanke Fensterpaare verdrängen die Mauer.

DER HOHE TURM VON SANKT STEPHAN

Gleichzeitig mit dem Bau der gotischen Kirchenhalle wurde der Hohe Turm begonnen. Ursprünglich waren zwei Riesentürme gedacht. Einer im Süden und einer gegenüberliegend im Norden. Zwischen dem Langhaus und dem Chor wurden seitlich die Turmhallen wie zwei Arme links und rechts angefügt. So ergibt sich im Grundriss eine Kreuzform.

Der Südturm ist ein besonderes Kunstwerk für sich. Vollkommen gleichmäßig verjüngt sich der Steffl – wie ihn die Wiener liebevoll nennen – bis zu seiner Spitze, aus der eine Kreuzrose blüht. Als er nach 74-jähriger Bauzeit fertig wurde, war er der höchste Turm in Europa. Sein schlanker Wuchs verrät nicht, dass er Tausende Zentner schwer ist. Kühn strebt er zum Himmel empor.

Während des Baus gab es zeitweise große Probleme und einmal musste sogar ein Stück wieder abgetragen werden. Der Baumeister Hans Prachatitz führte den Turm zu Ende. Die Turmhöhe beträgt 136,70 Meter.

Im Inneren verbirgt der Turm vier Etagen. Ursprünglich konnte man vom Erdgeschoss bis zur Turmspitze emporblicken, doch sind die Öffnungen jetzt mit Deckeln geschlossen. Das zweite Geschoss ist die Glockenstube.

Bis zum Jahr 1945 hing hier die Pummerin, die größte Glocke. Darüber liegt ein wesentlich niedrigerer Raum. Im vierten Geschoss ist dann die Türmerstube eingerichtet. Bis vor einigen Jahrzehnten befand sich dort Tag und Nacht eine Feuerwache, die schnell und sicher jeden Brand in der Stadt entdeckte.

Darüber ragt die durchbrochene Turmspitze empor, in der früher auch noch kleine Glocken aufgehängt waren. Die Spitze kann man nur außerhalb des Turmes mit Leitern erreichen. Ein ziemlich waghalsiges Unternehmen, da durch den ständigen Wind die Turmspitze zwischen fünf und acht Zentimeter schwankt, bei einem Sturm bedeutend mehr.

Wie kein anderer Turm der Stadt war der Steffl den Unwettern ausgesetzt. Nachdem er 1433 vollendet war, wurde er wenige Jahre später von einem Blitz getroffen und brannte aus. So wurden bei jedem herannahenden Gewitter die Glocken geläutet und die Bürger zum Gebet aufgerufen. Auch brachte man zur Abwehr von Blitzen acht Hirschgeweihe an seiner Spitze an.

DER UNVOLLENDETE NORDTURM

Im Jahre 1450 wurde der Grundstein für einen zweiten Turm an der Nordseite des Stephansdoms gelegt. In diesem Jahr war der Wein so sauer, dass ihn die Bürger auf die Gasse schütteten. Der „Reifbeißer“, so nannten sie diesen sauren Wein, zersetzte ihnen sogar die Fässer. Da befahl Kaiser Friedrich III., den Wein zum Stephansdom zu bringen. Er sollte dazu dienen, den Kalk abzulöschen und damit das Fundament des Nordturms fest zu bauen. So geschah es auch.

Zu dieser Zeit arbeitete Hans Puchsbaum als Dombaumeister bei Sankt Stephan. Doch 17 Jahre musste das Fundament des Turms rasten, bis wieder weitergebaut werden konnte. Inzwischen war Puchsbaum bereits gestorben. Als großes Vorbild für den Nordturm galt der „Zwillingsbruder“, der bereits fertige Südturm. Langsam schritt der Bau voran. Meistens werkten zehn bis elf Steinmetzen an ihm, doch nach 61 Jahren Bauzeit wurde die Arbeit eingestellt. Der Stil der Gotik mit den spitzen, schlanken Verzierungen ging dem Ende zu. Man wollte und konnte nicht mehr so bauen. Auch wurde es für die Wiener Bürger immer schwieriger, die enormen Geldmittel zu beschaffen.

Lange Zeit blieb der Nordturm ohne Abschluss. Immer war noch die Hoffnung da, ihn zu Ende zu führen. Erst Jahrzehnte später setzte man dem unvollendeten Nordturm, der auch Adlerturm genannt wird, einen Turmhelm auf.

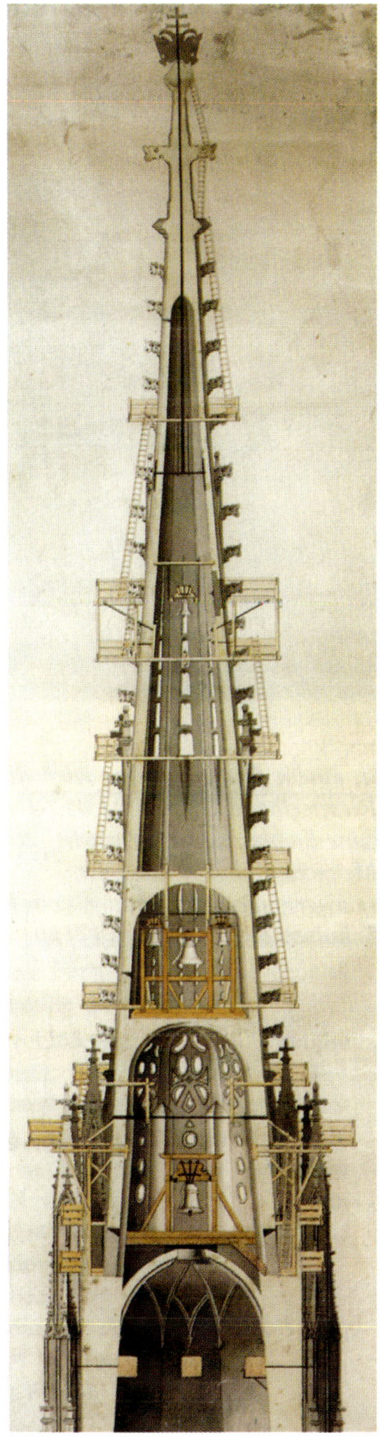

Querschnitt durch den Südturm.

In einem festlichen Zug wird die Riesenglocke, die PUMMERIN, zum Stephansdom gebracht. 200 Menschen ziehen die Last. (Lavierte Federzeichnung von P. Schubert v. Ehrenberg, 1711)

DIE GLOCKEN VON ST. STEPHAN

Jedes Jahr zu Silvester läutet die Pummerin das neue Jahr ein. Sie ist die bekannteste Glocke des Stephansdoms. Nach dem Zweiten Weltkrieg musste sie neu gegossen werden, denn sie war mit anderen Glocken beim furchtbaren Brand in den letzten Kriegstagen am 12. April 1945 in die Tiefe gestürzt und zerschellt.

Die alte Pummerin wurde nach der zweiten Türkenbelagerung aus dem Metall der eroberten Kanonen und Geschütze hergestellt. Sie war unter allen Glocken die schwerste. Ihr Gewicht betrug 22.511 Kilogramm. Beim Läuten wurde nur ihr Klöppel bewegt, der allein schon 813 Kilogramm wog.

Für eine so riesige Glocke besaß man früher keine Maschinen. 200 Menschen zogen die Pummerin zur Einweihung auf einem eigens dafür gebauten Wagen zum Steffl. Man wagte nicht, Pferde davor einzuspannen, so kostbar war die Last. Im Glockengeschoss des hohen Südturms bekam sie auf Lärchenstämmen, die fest im Turm eingemauert waren, ihren besonderen Platz.

Die neue Pummerin hängt seit 1957 im Nordturm, wo man sie besichtigen kann. Für ihre „Glockenspeise“ verwendete der Glockengießer die

Vor ungefähr 150 Jahren wurden am STEPHANSTURM schwere Schäden festgestellt. Sturm, Regen und Schnee haben dem Gestein arg zugesetzt. Die gesamte Turmspitze musste – mehr als 400 Jahre nach ihrer Erbauung – abgetragen und erneuert werden. Das Foto zeigt die stolzen Steinmetzen mit der neu geschaffenen obersten Turmspitze in der Dombauhütte. Erst im Vergleich mit der Größe der Menschen sind die gewaltigen Ausmaße des Turmes erkennbar.
(Foto von A. Groll, um 1863)

Trümmer der alten Pummerin, auch die Größe wurde beibehalten. Heute besitzt die Pummerin ein elektrisches Läutwerk. Sie wird nur zu ganz besonderen Anlässen geläutet.

Von den vielen Glocken im Stephansdom besaß jede ihre bestimmte Aufgabe. Die „Bierglocke“ hatte angeblich einen so lauten Klang, dass man sie bis zur Stadtmauer hörte. Wenn sie läutete, mussten die Gasthäuser schließen. Andere Glocken wiederum warnten vor Sturm und Feuer.

IM DOM

Der Innenraum des Doms ist reich mit kostbaren Denkmälern aus allen Epochen ausgestattet. Viele Bilder laden die Besucher zur Andacht. Grabdenkmäler und verschiedene Kunstwerke schmücken die Kirche. Seit dem Mittelalter haben sich die Farbigkeit und das Licht des Innenraumes verändert. Denn viele Jahrhunderte sind seit seiner Fertigstellung vergangen und die Farben sind längst von den Pfeilern und Steinfiguren abgeblättert. Auch von den herrlichen Glasfenstern gibt es nur mehr

Die mittelalterlichen Fenster des Stephansdoms zeigen verschiedene Mitglieder der Habsburgerfamilie. Ganz rechts ist Rudolf I. mit Zepter, Krone und Wappen dargestellt. Rudolf I. begründete durch seinen Sieg über den Böhmenkönig Přemysl Ottokar im Jahr 1278 die Herrschaft der Habsburger in Österreich.
(Habsburgerfenster aus der Bartholomäuskapelle des Stephansdoms, um 1390. © Wien Museum Karlsplatz)

Reste. Die damaligen Besucher empfanden den Dom wie ein Schatzkästchen. Die alten Spitzbogenfenster leuchteten wie bunte Edelsteine, während es im Mittelschiff geheimnisvoll dunkel blieb.

Jede Figur und jedes Bild hat seine Geschichte, so auch die anmutige „Dienstbotenmuttergottes“. Von ihr wird eine Sage erzählt: Die Muttergottesfigur gehörte einst einer reichen und sehr geizigen Gräfin. Als eines Tages eine wertvolle Halskette aus ihrem Besitz verschwunden war, beschuldigte sie ihr Dienstmädchen des Diebstahls. Alle Beteuerungen der

Den komplizierten ORGELFUSS hat Dombaumeister Anton Pilgram vollendet. Er stellte sich selbst dar, mit Zirkel und Winkelmaß.

Unschuld halfen nichts. Das Mädchen rief verzweifelt die Muttergottes an, aber die Gräfin höhnte: „Die Gottesmutter ist nicht für Dienstmädchen da!" Da fand sich wie durch ein Wunder die vermisste Kette bei einem Reitknecht der Gräfin und das Mädchen blieb vor schwerer Strafe verschont. Die Gräfin schämte sich, beschenkte das Mädchen reichlich und stiftete die Muttergottesstatue der Stephanskirche. Dort wurde die Dienstbotenmadonna von vielen armen Leuten, vor allem aber von den Dienstmädchen, verehrt.

Ein auffallendes Werk ist der Orgelfuß an der Nordseite des Doms. Auf diesem Sockel sollte eigentlich eine Orgel stehen – wie ein Blütenkelch wächst er schwebend empor. Unterhalb hat sich der berühmte Dombaumeister Anton Pilgram selbst dargestellt. In den Händen hält er seine Werkzeuge: den Zirkel und das Winkelmaß. Das Gewicht des Sockels ruht auf seinen Schultern. Er trägt die Last des Kunstwerks. Auf dem Gesicht der Pilgrambüste sind noch Reste der ehemaligen Bemalung zu

STEINMETZZEICHEN des Dombaumeisters Anton Pilgram: Es ist am Orgelfuß und an der Kanzel angebracht. Jeder Steinmetz bezeichnete das von ihm gefertigte Werkstück mit seinem Zeichen.

KLEINE CHRONIK

1147 Weihe der Kirche und Nennung als „Wiener Pfarrkirche".

vermutlich um 1170 Neuer Kirchenbau mit zwei Türmen im Westen, deren Untergeschosse heute noch vorhanden sind.

ab 1220 Beginn einer neuen Umgestaltung: Teile des Westwerks mit Riesentor und die beiden Heidentürme bleiben davon bis heute erhalten.

1221 Der Name „Pfarrkirche Sankt Stephan" wird erstmals genannt.

1304 Beginn des nächsten Umbaus: Eine gotische Kirche entsteht.

1433 Der Südturm, genannt „Steffl" oder „Hoher Turm", ist fertig gestellt – damals das höchste steinerne Bauwerk in Europa.

1469 Wien wird Bistum: Der Stephansdom ist Sitz eines Bischofs.

1511 Der Bau des Norturms wird eingestellt – der zweite hohe Turm bleibt unvollendet.

1723 Wien wird Erzbistum.

1945 Brand des Doms in den letzten Tagen des 2. Weltkriegs.

1952 Weihe der neuen Pummerin, der Wiederaufbau ist vollendet.

LIXL ERZÄHLT: DIE SAGE VON MEISTER PUCHSBAUM

Bei Turmbauten geht es nicht immer geheuer zu. Oft erzählen sich die Leute, es sei sogar der Teufel mit im Spiel gewesen …
Der Hohe Turm von Sankt Stephan hatte schon eine ziemliche Höhe erreicht. Der Baumeister zu jener Zeit war Hans Prachatitz, dem viele Steinmetzen unterstanden. Unter seinen Schülern befand sich der begabte Hans Puchsbaum. Dieser verliebte sich in Maria, die Tochter des Baumeisters. Auch Maria war ihm zugetan und die beiden wollten heiraten.
Als Hans Puchsbaum bei seinem Meister um die Hand der Tochter anhielt, stellte Prachatitz eine Bedingung: „Du bekommst Maria nur dann zur Frau, wenn du den Nordturm bis zu dem Zeitpunkt vollendet hast, zu dem auch ich den Südturm fertig habe.“ Da erschrak Hans Puchsbaum, denn er wusste nur zu gut, dass dieser Auftrag unmöglich zu erfüllen war.
Eine furchtbare Unruhe erfasste den ehrgeizigen Puchsbaum. Vielleicht könnte es ihm doch gelingen? So manchen Tag betrachtete er den stetig in den Himmel wachsenden Riesenturm. Und so manche Nacht schritt er die Stelle ab, wo der zweite Turm emporsteigen sollte. Eines Nachts, als er eben wieder beim Stephansdom grübelte, sah er plötzlich ein altes Männchen. „Du erbarmst mich“, begann die geheimnisvolle Erscheinung zu sprechen, „ich will dir helfen. Ich fordere nichts. Nur darfst du während des Baues nicht den Namen Gottes nennen und auch keinen heiligen Namen aussprechen.“ Hans Puchsbaum bemerkte sofort, mit wem er es zu tun hatte. Doch in seiner Verzweiflung schloss er mit dem Unheimlichen den Vertrag ab.
Am nächsten Tag begann der Bau des Nordturms. Mit unglaublicher Schnelligkeit gingen die Arbeiten voran. Hans Puchsbaum hielt sich an den Pakt mit dem Teufel, denn niemand anderer war das alte Männchen. Er sah schon das Gelingen des zweiten hohen Turms. Stolz erfüllte seine Seele und er verbrachte den ganzen Tag mit Plänen und Hoffnungen. Die Abende stand er am Gerüst, um den Fortschritt zu bewundern. So hatte er keine Zeit mehr gehabt, sich mit seiner Geliebten zu treffen. Als er eines Abends wieder vom Gerüst hinuntersah, erblickte er seine Braut. In großer Freude streckte er die Arme zu ihr hinab und rief: „Maria!“ Damit hatte er aber auch einen heiligen Namen ausgesprochen. Und sofort kam der Teufel und stürzte ihn in die Tiefe. Das Gelächter der Hölle hallte weit über die Stadt. Von dem Unglücklichen war aber keine Spur mehr zu finden.
Und so blieb der Nordturm unvollendet.

WAS IST WAHR AN DIESER GESCHICHTE?

Hans Puchsbaum war wirklich im Jahre 1450 Dombaumeister von Sankt Stephan, als die Fundamente des Nordturms angelegt wurden. Doch dauerten die Arbeiten an einem solch riesigen Turm länger als ein Menschleben. Allein 17 Jahre mussten die Fundamente rasten. Inzwischen starb Hans Puchsbaum. Den Weiterbau führte ein anderer Dombaumeister durch. 1511 wurden die Arbeiten am Nordturm eingestellt. Der gotische Baustil war vorbei und außerdem gab es kein Geld zum Weiterbauen.

erkennen. Auf dem wehenden Schriftband steht die Jahreszahl 1513, das Datum der Entstehung.

Anton Pilgram lebte in einer Zeitenwende, zwischen dem Mittelalter und der Neuzeit. Er war sehr ehrgeizig und setzte sich über die alten Ordnungen des Handwerks hinweg. Damit schuf er sich große Probleme. Zwar war der Wiener Rat von seinen Arbeiten begeistert und bestellte ihn zum Dombaumeister, aber die Zunft der Steinmetzen verweigerte ihm die Anerkennung. Sie verwehrte ihm das Siegelwachs, die Bücher und die Büchse. Darüber kränkte sich Meister Pilgram sehr.

Gleich in der Nähe des Orgelfußes steht bei einem Pfeiler des Langhauses die wunderbare Kanzel aus Stein. Die Forscher rätseln heute, ob sie – wie bisher angenommen – von Anton Pilgram stammt oder doch von anderen Künstlern geschaffen wurde. Jedenfalls stellt sie ein Meisterstück der gotischen Steinmetzkunst dar, das nach bestimmten Zahlen aufgebaut ist: Die Grundform besteht aus Sechsecken, die sich zu Zwölfecken verbinden. Vier Kirchenväter schauen aus den Fenstern, vierzehn Stufen führen hinauf zur Kanzel. Alle Formen lassen sich auf die Zahlen 6, 12, 4 und 14 (2x7) zurückführen.

Auch sonst gibt es noch Merkwürdiges zu entdecken: Auf dem Stiegengeländer kriechen Kröten, Frösche und Eidechsen hinauf, die miteinander kämpfen. Sie stellen das Böse dar und werden von einem Hündchen, das auf der Kanzel Wache hält, zurückgebellt.

Jeder Prediger, der früher die Kanzel hinaufstieg, musste das sich streitende Getier auf der Kanzelstiege unwillkürlich berühren und wurde so an das Böse in der Welt erinnert. Am heute nicht mehr vorhandenen Aufgangstor befanden sich früher Engel – als Boten des Himmels.

Die Kanzel bedeutet eigentlich eine Predigt aus Stein. In ihrem Fuß hat der Künstler unter dem Stiegengeländer ein Fenster geschaffen, aus dem ein Dombaumeister herausblickt – erkennbar an seinen Werkzeugen. Die Anstrengungen und Mühen der Arbeit sind ihm ins Gesicht geschrieben.

In der Entstehungszeit der Kanzel, in den Jahren um 1500, wurde der gotische Abschnitt des Stephansdoms beendet und bald danach auch der Bau des Nordturms eingestellt – die Epoche des Mittelalters war zu Ende. Nur wenige Jahre später stand der Sultan des Osmanischen Reichs zum ersten Mal vor den Toren Wiens, um die Stadt zu belagern.

Am Geländer der KANZEL versuchen Kröten und Eidechsen hinaufzukriechen, doch werden sie vom Hündchen der Wachsamkeit zurückgebellt.

IV. DIE BAROCKE KAISERSTADT VON KRIEGEN, PEST UND FEST

Den GRABEN umgeben zur Barockzeit stattliche Bürgerhäuser. Den Mittelpunkt des Platzes nimmt die Pestsäule ein. Im Vordergrund stehen die Stände der Gemüsefrauen, die ihren Markt abhalten. Ganz rechts ist das Hauszeichen „Zum Schwarzen Elefanten“ erkennbar, das an den ersten Elefanten in Wien erinnerte. Die Kuppel der Peterskirche ragt über den Dächern hervor.

(Kupferstich nach Joseph Emanuel Fischer von Erlach, um das Jahr 1717)

Neue Erfindungen veränderten in der Zeit um 1500 die Welt: Zwar wurden Kompass, Schießpulver und die Buchdruckerkunst schon im Mittelalter entwickelt, aber ihre breitere Anwendung erfolgte erst jetzt. Der Kompass ermöglichte eine sichere Schifffahrt und 1492 entdeckte der Italiener Christoph Kolumbus den bisher unbekannten Kontinent Amerika. Mit der Seefahrt kamen neue Güter, Waren und Tiere nach Europa. Im Jahre 1552 wurde in Wien der erste Elefant den staunenden Bewohnern vorgeführt. Die Gelehrten der „Neuzeit“ beschäftigten sich mit der Natur und der Erforschung ihrer Gesetze. Selbstbewusst forderten sie für den künftigen Menschen mehr Bildung und Wissen. Die Gedanken waren nicht mehr nur auf das Leben nach dem Tode gerichtet, sondern auch auf ein gutes Leben in dieser Welt.

In Wien eröffnete im selben Jahr, in dem Kolumbus seinen Fuß auf Amerika setzte, der erste Buchdrucker seine Werkstätte.

WIEN WIRD MITTELPUNKT EINER GROSSMACHT

Der Habsburger Maximilian, der letzte Ritter, hat durch seine zielstrebige Politik neue Länder für Österreich dazugewonnen. Nicht durch Krieg, sondern durch Heirat erreichte der ehrgeizige Kaiser sein Ziel. Er vermählte seinen Sohn Philipp mit der Tochter des spanischen Herrschers. Für kurze Zeit gehörten Spanien, Oberitalien, die Niederlande und Mexiko zu Österreich. Im Reich seines Enkels Karl V., so erzählte man gerne, ging die Sonne nicht unter. Bald aber trennten sich diese Länder von Österreich und bildeten einen eigenen Staat.

In einer Doppelhochzeit verheiratete Kaiser Maximilian seine Enkelin Maria mit König Ludwig von Ungarn und Böhmen sowie seinen Enkel Ferdinand mit der Schwester des Königs. Genaue Verträge über eine mögliche Erbschaft wurden geschlossen: Sollte einer der beiden nun durch Heirat verwandten Könige kinderlos sterben, so sollte der andere die Länder zu den seinen erhalten.

Nur wenige Jahre später fiel 1526 der junge ungarische König Ludwig in einer Schlacht gegen die Osmanen und das Haus Österreich erbte die Länder Böhmen und Ungarn. Viele Völker lebten in diesem Staat zusammen. Die Donaumonarchie war geboren und Österreich stieg zur Großmacht auf. Aber vorher gab es noch Krieg.

DIE OSMANEN VOR WIEN

Seit Ungarn zu Österreich gehörte, wurde Wien unmittelbar in die Kriege mit den Osmanen hineingezogen. Denn unaufhaltsam waren die Osmanen nach Mitteleuropa vorgestoßen und hatten fast ganz Ungarn überrannt. Ihr Staat, das Osmanische Reich, besaß eine ungeheure Ausdehnung. An der Spitze stand als Herrscher ein Sultan. Ihre Religion war der von dem Propheten Mohammed gegründete Islam.

Zweimal versuchten die osmanischen Herrscher einen Vorstoß nach Wien. Ihre Heere waren mit märchenhaftem Prunk ausgestattet und sie führten wertvolle Waffen und Zelte mit. Türkische Weissagungen kündeten, dass die Kaiserstadt Wien in einer vorbestimmten Stunde dem Islam zufallen sollte. Und auf der Spitze des Stephansdoms wäre eine massive Kugel aus zwei Zentnern purem Gold befestigt. Dieser „goldene Apfel“ schien jedem neuen Sultan überaus begehrenswert.

Im Frühjahr 1529 ließ Sultan Süleyman II. in seinem Palast in Konstantinopel die „Trommeln der Eroberung“ schlagen und die Rossschweife aufstecken. Damit war das Zeichen für den Beginn eines heiligen Krieges gegeben. Diesmal wollte er Ungarn endgültig erobern und Wien dazu. Er

WAS IST WAHR AN DIESER GESCHICHTE?

In den vielen Kellern des Hauses „Zum Heidenschuß“ gibt es wirklich ein mächtiges Loch, das einen Durchbruch zum Keller des Nebenhauses bildet. Früher wurde in diesem Keller Wein ausgeschenkt. Viele Gäste haben diese Öffnung gesehen und nannten sie „Türkenloch“. Das haben die Leute mit dem bedeutend älteren Hausnamen „Zum Heidenschuß“ in Verbindung gebracht.

Während der Belagerung durch die Türken gab es tatsächlich den unterirdisch geführten Minenkrieg. Doch ist es keinem Türken je gelungen, in einem Stollen unter der Stadtmauer durchzukommen.

LIXL ERZÄHLT: DIE SAGE VOM „HEIDENSCHUSS“

An der Ecke des Hauses Nr. 1 der Strauchgasse in der Inneren Stadt ist an einer Hauswand ein türkischer Reiter angebracht. Wild schwingt er seinen Säbel. Das Straßenstück trägt nach ihm den Namen „Heidenschuß“. Über diese Figur aus Stein erzählen die Wiener, aber auch die Türken verschiedene Sagen. Die Wiener Geschichte, die sich im Herbst 1529 abgespielt haben soll, lautet so:

Beinahe drei Wochen belagerten die Osmanen schon die Stadt Wien. Ein riesiges Loch in der Stadtmauer ließ die Auseinandersetzung zwischen den Angreifern und Verteidigern immer härter werden. Auch unter der Erde tobte der Kampf. Geschickt legten die Osmanen unterirdische Gänge an, um dann mit Sprengpulver alles in die Luft zu jagen. Wie jede Nacht arbeitete auch diesmal der Geselle Josef Schulz in der Bäckerei seines Meisters. Viele Menschen waren in die Stadt geflüchtet. Sie alle brauchten Brot. Etwas einsam stand in der Backstube eine Trommel mit Spielwürfeln. Der Meister hatte sie als Alarmanlage aufgestellt, denn die Würfel auf dem Trommelfell zeigten die leiseste Regung unter der Erde an. Es hatte sich nämlich ein furchtbares Gerücht verbreitet: Die Osmanen versuchen unter die Stadtmauer Gänge zu graben, um in die Stadt zu gelangen. Seither kontrollierten die Bürger ihre Keller. Auch Bottiche mit Wasser sollten Schwankungen anzeigen.

Josef war schon sehr müde, ohne Unterbrechung hatte er gearbeitet. Ein Backbrett nach dem anderen schob er in den Ofen. Dabei träumte er in seinem Bett zu liegen ... plötzlich fuhr er mit einem Ruck hoch. Hatte sich da nicht etwas bewegt? Hastig arbeitete er weiter, blinzelte aber zur Trommel hin. Da – er hatte sich nicht getäuscht! Die Würfel hüpften auf dem gespannten Trommelfell heftig auf und ab. Josef erstarrte vor Angst. Jetzt galt es keine Minute zu verlieren.

Sofort weckte er seinen Meister. Dann rannte er zur Wache. Atemlos erzählte er dem Stadtkommandanten seine Beobachtung. Eindringlich wiederholte Josef seine Schilderung, und endlich wurde Alarm geschlagen. Die Soldaten jagten auf Rossen mit Josef zum Bäckerhaus zurück. Sie stürzten in den Keller – und gerade in diesem Augenblick stiegen aus einem frisch gegrabenen Loch die ersten Türken heraus. Die Soldaten überraschten sie und die Türken flohen in Panik zurück in den Erdstollen.

Alle Bäcker waren auf Josef stolz. Zur Erinnerung an dieses Ereignis durften die Bäcker jedes Jahr bei einem Fest mit ihren Fahnen durch Wien ziehen, und an das Haus kam als Zeichen der reitende Türke.

sandte eine Kriegserklärung an den österreichischen Herrscher Ferdinand. Doch der weilte gerade in Innsbruck und niemand konnte dort diesen Brief in arabischer Schrift entziffern.

Süleyman brach mit einem Heer von 150.000 Mann auf, dazu kamen die „Renner und Brenner", das war eine blitzschnelle Vorhut von 80.000 Reitern. Vom Mai bis September dauerte der lange Anmarsch der Osmanen bis vor die Tore Wiens. In Belgrad ließ der Sultan die schweren Geschütze zurück, um rascher vorwärts zu kommen.

Das Herannahen des osmanischen Heeres verbreitete Angst und Schrecken. Rasch wurden Soldaten angeworben, so genannte Söldner. In Wien standen schließlich 17.000 Mann zur Verteidigung bereit. Die über 300 Jahre alte Stadtmauer war schon ziemlich schadhaft und musste ausgebessert werden. Die Vorstädte wurden geräumt, ihre Bewohner begaben sich in die Stadt. Doch jeder, der einen Wagen besaß, packte seine Habseligkeiten und verließ Wien. Viele Flüchtlinge fielen allerdings den „Rennern und Brennern" in die Hände und wurden grausam niedergemetzelt.

Im FELDLAGER DER OSMANEN vor Wien herrscht reges Leben. Die Zeltstadt ist aufgebaut und die Belagerung der Stadt hat begonnen. (Lavierte Federzeichnung von Barthel Beham, 1529)

Ungefähr drei Wochen dauerte die Belagerung. Der Sultan beschloss, neben dem Kärntnertor die Stadtmauer in die Luft zu sprengen und dann Wien im Sturm zu nehmen. Die Osmanen kämpften nicht nur über, sondern auch unter der Erde. Da der Stadtgraben nicht mit Wasser gefüllt war, konnten sie unterirdische Gänge anlegen, die sie mit Sprengpulver füllten. Durch einen Zufall befanden sich in der belagerten Stadt einige Bergknappen aus Tirol. Sie legten Luftschächte nahe den türkischen Sprengkammern an. Dadurch verminderten sie die Explosion.

Trotzdem wurde schließlich neben dem Kärntnertor ein ungefähr 80 Meter breites Loch in die Mauer gerissen. Dreimal schon hatte der Sultan einen Sturmangriff unternommen. Doch vergeblich. Es gelang ihm nicht, die mit Stämmen notdürftig verbarrikadierte Bresche zu überwinden. Da rüstete Süleyman am 14. Oktober zum vierten Sturmangriff. Wieder gelang es ihm nicht, in die Stadt einzudringen. Am nächsten Tag zog er überstürzt mit seinen Truppen ab.

DIE FESTUNG WIEN

Schon ein Jahr nach der Belagerung begannen die Wiener mit dem Bau einer neuen Stadtmauer. Ungefähr 140 Jahre lang arbeiteten viele Generationen von Ingenieuren, Maurern, Steinmetzen und Zimmerleuten an einem wahren Festungskunstwerk.

Die sechs bis acht Meter hohe, aus Ziegeln aufgerichtete Stadtmauer besaß in regelmäßigen Abständen gewaltige Vorsprünge, die so genannten „Bastionen". Die Wiener nannten diese Vorwerke, auf denen im Kriegsfall die Geschütze aufgestellt wurden, „Basteien". Jede Bastei führte einen eigenen Namen, so gab es zum Beispiel die Kärntnerbastei bei der

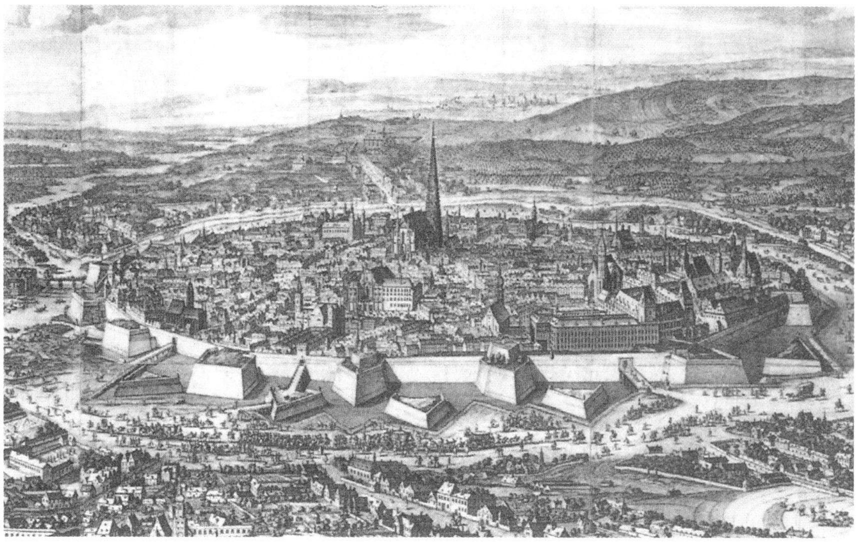

Nach der ersten Belagerung durch die Osmanen erhielt Wien ein neues imposantes FESTUNGSWERK. Mauer, Basteien und Graben umschlossen die innere Stadt. Davor lag eine weite, freie Fläche, die 600 Schritt breit war; dadurch konnte man jede Annäherung an die Stadt sofort erkennen. Dieser unverbaute Ring hieß Glacis. Am äußeren Rand des Glacis umgaben 34 Vorstädte die Stadt. Bei der zweiten Belagerung durch die Osmanen im Jahr 1683 hat sich das Festungswerk bewährt.
(Kupferstich von Folbert van Alten-Allen, 1683. ⊙ Wien Museum Karlsplatz)

Kärntner Straße, die Burgbastei lag wiederum in der Nähe der Hofburg. Die Basteien dienten damals ausschließlich militärischen Zwecken und niemand durfte sie ohne besondere Erlaubnis betreten.

In die Stadtmauer waren zwölf Tore eingelassen, von denen Brücken über den Graben führten. Der Stadtgraben war zwischen sechs bis acht Meter tief und ziemlich trocken. Nur in der Nähe der Donau und des Wienflusses gab es etwas Sumpf und teilweise auch Wasser. Wenn ein Angreifer im Graben stand, ragte vor ihm die 12 bis 16 Meter hohe Wand – nämlich Grabentiefe und Mauerhöhe – auf. Diese Höhe entspricht einem etwa fünf- bis sechsstöckigen Haus.

Zur Verteidigung des Stadtgrabens wurden die so genannten „Ravelins" errichtet – ein komplizierter Name, sodass die Wiener zu ihnen „Schanzel" sagten. Ein Schanzel lag jeweils im Abstand von 30 bis 40 Metern im Stadtgraben, also noch vor der mächtigen Stadtmauer.

Damit sich kein Belagerer in der Nähe des Stadtgrabens festsetzen konnte, blieb die Fläche davor unverbaut. Diese ungefähr 400 Meter breite Zone wurde Glacis genannt. Jede Annäherung auf dem Glacis, auf dem nicht einmal ein Baum stehen durfte, wurde sofort bemerkt.

Die gesamte Befestigungsanlage war auf die Reichweite der damaligen Waffen abgestimmt. Mit Handfeuerwaffen (Musketen) konnte ungefähr 150 Meter weit gezielt werden, während die Geschütze 500 bis 600 Meter weit schießen konnten.

DIE ZWEITE TÜRKENBELAGERUNG 1683

154 Jahre nach der ersten Belagerung standen wieder die Osmanen vor der Stadt Wien. Diesmal befehligte nicht der Sultan, sondern sein Großwesir Kara Mustafa das Heer von ungefähr 250.000 Mann. Demgegenüber standen für die Verteidigung nur 17.000 Soldaten in der Stadt. Das war ein ungleiches Verhältnis und alle Hoffnungen der Wiener wurden auf die neue Stadtbefestigung gesetzt. Der Wiener Stadtkommandant Ernst Rüdiger Graf Starhemberg ließ noch rasch die Vorstädte niederbrennen, damit die Angreifer keinen Schutz vorfinden sollten.

Gleich nach der Ankunft des osmanischen Heeres am 13. Juli 1683 besichtigte Großwesir Kara Mustafa die Stadtmauer. Er erkundete alles und fand, dass die Festung stark wie ein Elefantenleib sei, aber die Verteidigung schwach.

Nach den Vorschriften des Islams ließ Kara Mustafa ein Schreiben an den Stadtkommandanten und die Bewohner von Wien aufsetzen. Der Inhalt lautete: „Wenn ihr Muslime werdet, geschieht euch nichts. Wenn ihr nicht Muslime werdet, die Festung aber kampflos übergebt, so geschieht euch auch kein Leid. Solltet ihr aber halsstarrig sein und Widerstand leisten, und solltet ihr durch den Ratschluss Allahs von unserer Kriegsmacht erobert und unterworfen werden, so wird keinem einzigen Gnade gewährt." Ein Unterhändler brachte den Brief in die Stadt. Bald kehrte er mit der Botschaft an Kara Mustafa zurück: Wien unterwirft sich nicht!

In den nur halb abgebrannten Häusern in der Vorstadt fanden die Osmanen Deckung und begannen am 15. Juli die Stadt zu beschießen. Hauptangriffspunkte bildeten die Burg- und die Löwelbastei. Um die freie Fläche des Glacis zu überwinden, begannen die Osmanen Laufgräben auszuheben.

Die TÜRKISCHEN ROSSSCHWEIFE sind aus Pferdehaaren angefertigt. Je höher ein Türke in der Rangordnung stand, umso mehr Rossschweife durfte er bei einem Feldzug mitführen und vor seinem Zelt aufstellen.
(Rossschweife, 2. Hälfte 17. Jh. © Wien Museum Karlsplatz)

KAISER LEOPOLD I. floh vor den Osmanen nach Passau und organisierte die Aufstellung des Entsatzheeres. (Ölgemälde von Benjamin von Block)

GROSSWESIR KARA MUSTAFA führte das Osmanenheer. Nach der Niederlage musste er sich erdrosseln. (Ölgemälde, um 1683. ⊙ Wien Museum Karlplatz) ▼

Das waren mannshohe Gänge, in denen sich die Soldaten geschützt dem Stadtgraben nähern konnten. Die Osmanen nannten diese Gänge „Mauswege“. Nach 30 Tagen gelang dem osmanischen Heer die Eroberung des Stadtgrabens. Die Janitscharen, die Elitetruppen der osmanischen Infanterie, standen nun unmittelbar vor der Stadtmauer. Jetzt legten die Türken in unterirdischen Stollen besondere Minenöfen an, in die Fässer mit Schießpulver hineinkamen. Mit einer Lunte wurde dann das Pulver gezündet und die gewaltige Sprengkraft zerstörte die dicksten Mauern.

In der Stadt selbst geriet die eingeschlossene Bevölkerung in größte Panik. Noch dazu brach die Ruhr, eine Krankheit mit schrecklichem Durchfall, aus. Die Lebensmittel wurden immer knapper und die „Dachhasen“ (Katzen) eine gesuchte Speise. In den ersten Septembertagen fürchtete der Stadtkommandant, dass die schon vollkommen zerlöcherte Löwelbastei nicht mehr gehalten werden könne und bereitete die Bevölkerung auf einen Straßenkampf vor. Die Leute rissen nun die Fenstergitter von den Häusern, um die Straßen abzusperren.

Die Gefahr wuchs immer mehr. Vom Stephansdom ließen Feuerwerker Schwärme von Raketen als Hilferufe in die Luft aufsteigen. Auch verkleideten sich mutige Männer, die türkisch sprechen konnten, als Janitscharen und schlichen mit Geheimbriefen von Starhemberg durch das feindliche Lager. Sie nahmen Verbindung mit dem österreichischen Kaiser auf, der vor Beginn der Belagerung aus der Stadt geflüchtet war. Nur ein Hilfsheer von außen könne Wien noch die Rettung bringen, stand in den Briefen.

Jeden Tag stieg der Stadtkommandant die steilen Stufen des hohen Stephansturms hinauf und beobachtete das osmanische Heer. Er suchte mit seinem Fernrohr die Hänge des Wienerwalds ab, ob nicht das versprochene Hilfsheer endlich heranrücke. Doch er suchte vergeblich. Immer mehr Leute starben in der Stadt, darunter auch Bürgermeister Johann Andreas von Liebenberg.

Nach 60 Tagen Belagerung flammten in der Nacht plötzlich viele Feuerzeichen am Kahlenberg auf: Das war die Losung des christlichen Entsatzheeres, das am 11. September auf den Höhen des Wienerwalds Stellung genommen hatte. Das Heer bestand aus 72.000 bis 74.000 Soldaten. Das Hauptkontingent stellten die deutschen Länder mit etwa 30.000 Mann, dann die österreichische Armee und die polnischen Streitkräfte mit jeweils 21.000 Mann. Den Oberbefehl über das gesamte Entsatzheer hatte der ranghöchste der anwesenden Herrscher inne, der polnische König Johann III. Sobieski.

Am Sonntag, dem 12. September 1683, begann um 5 Uhr früh die furchtbare Schlacht. Es erfolgte ein osmanischer Angriff beim Kahlenbergerdorf gegen die österreichischen Soldaten. Der österreichische Kommandant, Herzog Karl von Lothringen, antwortete sofort mit dem Gegenstoß. Die Schlacht nahm ihren Verlauf.

Noch hoffte Kara Mustafa, an diesem Tag die Stadtmauer in die Luft jagen zu können. Doch die Übermacht des Entsatzheeres drängte seine Truppen, die zwischen Wien und dem Kahlenberg kämpften, zurück. Völlig verstört über diese furchtbare Niederlage trat der Großwesir am späten Nachmittag den überstürzten Rückzug an. Er konnte aus dem riesigen Zeltlager fast nichts mitnehmen. Die heilige Fahne wurde auf ein Eildromedar aufgeladen, aber sonst blieb der größte Teil der osmanischen Zelte, der Waffen und Geschütze zurück. In wilder Flucht ritt Großwesir Kara Mustafa mit seinen Truppen nach Ungarn.

Dieses Bild hält das Ende der furchtbaren SCHLACHT UM WIEN am 12. September 1683 fest. Es ist 6 Uhr am Abend und der Kampf ist entschieden. Der Oberbefehlshaber des Entsatzheeres, König Johann III. Sobieski von Polen, reitet mit erhobenem Säbel in die Zeltburg des osmanischen Großwesirs. Nach 60 Tagen ist die Belagerung zu Ende. (Ölgemälde von Franz Geffels, um 1683. ⊙ Wien Museum Karlsplatz)

WIEN WÄCHST BIS AN DEN LINIENWALL

In den nächsten Jahren wurde Ungarn von der Herrschaft der Osmanen befreit. Prinz Eugen, der schon vor den Toren Wiens gekämpft hatte, wurde als Feldherr berühmt. Wien war nun der Mittelpunkt eines großen Reiches. Das sollte man auch an den Straßen und Plätzen erkennen. Es wurde viel gebaut, der Kaiser und der reiche Adel legten ihre prächtigen Schlösser im Stil der Zeit, dem so genannten Barock, an.

Nicht nur innerhalb der engen Mauern veränderte die Stadt ihr Gesicht, auch in den verödeten Vorstädten entstanden zahlreiche Paläste und Gärten. Eine Reihe der Vorstädte wurde nun dem Wiener Burgfrieden einbezogen; das bedeutete, dass die Einwohner der Wiener Stadtverwaltung unterstanden.

Um die Vorstädte ebenfalls gegen Einfälle zu schützen, wurde auf Anraten Prinz Eugens im Jahre 1704 der Linienwall angelegt. Alle Einwohner Wiens zwischen 18 und 60 Jahren mussten ohne Bezahlung daran arbeiten. Sie errichteten einen ungefähr vier Meter hohen Erdwall, der in einem weiten Bogen die heutigen Bezirke III bis IX umschloss.

An der Innenseite war der Wall mit Eichenstämmen verstärkt. Später wurde er mit Ziegelmauern verkleidet. An den wichtigen Straßenzügen lagen Tore mit einer Wachstube. Hier wurden später eigene Gebäude errichtet, die so genannten „Linienämter". Jeder Händler oder Bauer, der Lebensmittel in die Stadt brachte, musste dafür beim Linienamt eine eigene Steuer bezahlen, die „Verzehrsteuer".

Das alte Wien besaß neben der eigentlichen Stadtmauer noch eine zweite Befestigung am äußeren Rand der Vorstädte, den so genannten LINIENWALL. An bestimmten Stellen befanden sich LINIENTORE, die mit Wachen versehen waren (im Bild das Tor bei der Mariahilfer Linie). Vor den Linien lagen die Vororte, die damals noch Dörfer waren und die mit dem ZEISELWAGEN erreicht werden konnten. Heute befindet sich die Gürtelstraße an der Stelle des ehemaligen Linienwalls.
(Kolorierte Lithografie von Johann Nepomuk Hoechle, 1826)

ZUR ERINNERUNG AN DIE PEST

In jener Zeit hatten die Menschen immer wieder an einer furchtbaren Krankheit zu leiden, die mit den Kreuzzügen eingeschleppt worden war: an der Pest. Drei Jahre vor der zweiten Türkenbelagerung trat sie in Wien so stark auf wie nie zuvor. Schmutz, Unrat und verdorbenes Wasser förderten das Ausbreiten der Pest. Der Kaiser floh mit seiner Familie aus Wien nach Prag.

Die Krankheit wütete zuerst in den Vorstädten und dann in den engen Gassen der Stadt. Es gab so viele Tote, dass ganze Häuser leer standen. Auf den Gassen lagen Sterbende und Leichen, die von Pestknechten auf Karren gelegt und in Pestgruben außerhalb der Stadtmauer begraben wurden.

Kaiser Leopold gelobte im Jahr 1679, dass er nach Erlöschen der furchtbaren Seuche am Graben eine Gedenksäule werde errichten lassen. Durch die Belagerung durch die Osmanen verzögerte sich dieses Vorhaben, doch dann gab der Kaiser den berühmtesten Künstlern den Auftrag, eine Säule zu Ehren der Heiligen Dreifaltigkeit und der Engel zu errichten. Die Pestsäule steht heute noch am Graben und es gibt viel an ihr zu bestaunen. Das Bemerkenswerteste ist, dass sich der Kaiser kniend darstellen ließ. Er, der die weltliche Macht besaß, beugte ausnahmsweise seine Knie, um für das Ende der Todeskrankheit göttlichen Beistand zu erflehen.

Die PESTSÄULE am Graben wurde von Kaiser Leopold I. im Jahr 1679 als Dank für das Ende der Pest gestiftet. Der Herrscher ist auf der Säule in kniender Haltung dargestellt. Er, der mächtigste Mann in seinem riesigen Reich, beugt sich demütig im Gebet. (Ausschnitt aus einem Kupferstich von Salomon Kleiner, 1723)

Als im Jahre 1713 noch einmal die Pest Wien ganz fürchterlich heimsuchte, legte der Herrscher wieder ein Versprechen ab: Er werde nach dem Erlöschen der Krankheit eine besondere Kirche erbauen lassen, die dem Pestheiligen Karl Borromäus gewidmet sein sollte. Der Kaiser hieß Karl und war der Vater von Maria Theresia. Die Kirche erhielt den Namen „Karlskirche".

Einer der berühmtesten Architekten, Johann Bernhard Fischer von Erlach, hat diese neue Kirche entworfen. Allein ihre Lage war sehr eigenwillig: Sie sollte außerhalb der Stadtmauer auf einer kleinen Anhöhe vor dem Wienfluss stehen und weithin sichtbar sein. Fast 25 Jahre wurde an der Karlskirche gebaut, und da der Architekt inzwischen gestorben war, vollendete sein Sohn 1739 die Kirche. Sie stellt bis heute ein besonderes Meisterwerk der Barockzeit dar.

Im Zentrum erhebt sich eine riesige Kuppel bis zu einer Höhe von 72 Metern. Der obere Rand der Kuppeltrommel ist wie ein Kronreif gebildet. Vor der Karlskirche ragen zwei Triumphsäulen auf, die an jahrhundertealte römische Säulen erinnern. Am Rande sind eigene Glockentürme angefügt, die Stadttoren ähnlich sind.

LIXL ERZÄHLT:
DIE SAGE VOM LIEBEN AUGUSTIN

Ihr kennt ihn doch, den lustigen Spaßmacher und Musikanten Augustin aus Wien? Die Sage berichtet, er hätte vor ungefähr 300 Jahren gelebt und ein schauriges Erlebnis zur Pestzeit gehabt.
Damals spielte Augustin mit seinem Dudelsack jeden Abend in den Wirtshäusern auf. Und wie es so üblich war, zahlten ihm die Gäste oft ein Gläschen Wein für seine Kunst. Eines Abends hatte er etwas zu viel Wein getrunken. Am Heimweg rutschte er in der finsteren Nacht aus und schlief einfach auf der Gasse ein.
Doch die Pest hatte schon so viele Menschen hinweggerafft, dass die Pestknechte mit dem Bestatten der vielen Toten nicht mehr nachkamen. Sie liefen durch die Gassen und luden die verstorbenen Menschen auf Karren, die sie zu den riesigen Pestgruben vor die Stadtmauer brachten. Auch der schlafende Augustin wurde in der Schnelligkeit für einen Pesttoten gehalten, zu einer Grube in der Vorstadt St. Ulrich geschleppt und dort hineingeworfen.
Doch wie erschrak der Sackpfeifer Augustin, als er am nächsten Morgen inmitten der Leichen erwachte! Er war über seine Lage entsetzt, denn wie sollte er da je wieder herauskommen? Die Wände der Grube waren zum Klettern viel zu hoch. Doch Augustin verzweifelte nicht. Er war ein fröhlicher Geselle, auch in der größten Not. Sein Musikinstrument hatte er noch bei sich und mit dem spielte er, so laut er konnte. Da hörten ihn die Pestknechte und zogen ihn verwundert wieder heraus. So wurde Augustin durch seine Musik gerettet.
Sein Lieblingslied „O du lieber Augustin, alles ist hin" sangen und pfiffen die Leute so gerne, dass sie es bis heute noch tun.

UND WAS IST WAHR AN DIESER GESCHICHTE?
Um 1679 lässt sich wirklich ein Dudelsackspieler und Sänger mit dem Vornamen Augustin nachweisen. Hat er diese Geschichte nun wirklich erlebt oder nur erfunden? Sicher ist, dass man zur Pestzeit furchtbare Angst hatte, lebendig begraben zu werden. Das Lied „O du lieber Augustin" stammt aber nicht aus der Pestzeit, sondern wurde ungefähr 100 Jahre später als Theaterlied gedichtet. Trotzdem erzählen noch heute einige Leute mit Augenzwinkern, dass der liebe Augustin so gerne im Griechenbeisl (Wien 1, Fleischmarkt 11) aufgespielt hätte.

Die Schlossanlage BELVEDERE ließ sich Prinz Eugen außerhalb der Stadtmauern als seinen Sommerwohnsitz erbauen. Belvedere bedeutet so viel wie „schöne Aussicht". Im weitläufigen Park sind kunstvolle Brunnen und Wasserfälle angelegt. Steinfiguren erzählen Geschichten von griechischen Helden und Göttern.
(Kolorierter Kupferstich von Carl Schütz, 1785)

BAUTEN FÜR KAISER UND ADEL

Der Architekt Fischer von Erlach wurde in Wien mit Aufträgen überhäuft. Für den Kaiser baute er prächtige Hofstallungen, in denen 600 Pferde untergebracht werden konnten. Der letzte Bau von Fischer von Erlach für den Hof war die kaiserliche Bibliothek am Josefsplatz: Sie war der großartigste Büchersaal der Welt.

Doch gab es noch andere hervorragende Baumeister in Wien. Einer davon war Johann Lukas von Hildebrandt. Ihn beauftragte Prinz Eugen, nach dem Kaiser einer der mächtigsten Männer in Österreich, vor der Stadt ein ganz besonderes Sommerschloss zu bauen. Dafür kaufte der Prinz ein Grundstück am Rennweg, das bis zum späteren Linienwall reichte und sanft bergauf stieg. Von dort hatte man einen wunderschönen Blick auf die befestigte Stadt Wien: Solche Schlösser wurden „Belvedere" genannt, was so viel wie „schöne Aussicht" bedeutet. Aus dem Auftrag wurden gleich zwei Schlösser, das Untere Belvedere und das Obere Belvedere.

Prinz Eugen trug in seinen Schlössern alle Kostbarkeiten der Welt zusammen: seltene Bücher, riesige Gemälde, exotische Tiere und heikle Pflanzen. Als der Prinz im Alter von 72 Jahren starb, wurde alles verkauft und die Tiere wanderten in den Tiergarten nach Schönbrunn. Ein paar Jahre später zog die junge Monarchin Maria Theresia mit ihrer Familie in das Belvedere ein. Später beschloss sie jedoch, Schönbrunn zu ihrer Residenz auszubauen.

Der 1663 in Paris geborene PRINZ EUGEN VON SAVOYEN kam 1683 nach Österreich und kämpfte vor den Toren Wiens in der Schlacht gegen die Osmanen. Der Prinz wurde in den folgenden Kriegen gegen die Osmanen Oberbefehlshaber des kaiserlichen Heeres. Zwischen den Feldzügen beschäftigte er sich mit den Wissenschaften und sammelte Bücher. 1736 starb er in seinem Schloss in Wien.

MARIA THERESIA UND IHRE FAMILIE

Da Kaiser Karl VI. keinen Sohn hatte, trat 1740 seine Tochter Maria Theresia das Erbe an. Als Frau hatte sie es schwer, Anerkennung zu finden, und sie musste deswegen viele Kriege führen. Mit ihrem Gatten Franz von Lothringen führte sie ein geordnetes Familienleben. 16 Kinder wurden dem Paar geboren, doch drei starben sehr früh. Zehn Kinder überlebten ihre Mutter Maria Theresia.

Die Erziehung der Kinder war streng. Sie mussten gehorsam sein. An den kirchlichen Fasttagen gab es nur Schleimsuppen, die von den kleinen genäschigen Erzherzoginnen gehasst wurden. Ihre Tage waren mit Unterrichtsstunden streng eingeteilt – und trotzdem lernten sie nicht viel, aus-

KAISER FRANZ I., seine Gemahlin MARIA THERESIA und ihre Kinder haben sich in Schloss Schönbrunn, ihrem Lieblingsschloss, versammelt. Im Hintergrund ist das Haupttor von Schönbrunn zu erkennen. Das Herrscherpaar ist von seinen elf Kindern umgeben. Josef, der 13-jährige Kronprinz und künftige Kaiser, trägt ein prächtiges rotgoldenes Hofkleid. Er steht auf dem Stern des Marmorbodens. Das jüngste Kind, Ferdinand Karl, liegt noch im Bettchen.
(Ölgemälde von Martin van Meytens, 1754/55. ⊙ Schloss Schönbrunn)

genommen Kronprinz Josef. Viel Zeit brauchten die Kinder Maria Theresias für Kirchgänge, aber auch für Musik- und Theaterproben.

Eines Tages wurde ihnen ein Kind vorgestellt, das so hervorragend auf der Geige und auf dem Klavier spielen konnte wie keines sonst. Es kam mit seinem Vater und seiner Schwester auf Einladung von Maria Theresia nach Schönbrunn: Es war der sechsjährige Wolfgang Amadeus Mozart. Und alle verliebten sich sofort in ihn.

Nach dem Konzert sprang Wolferl, wie ihn sein Vater nannte, der Herrscherin Maria Theresia auf den Schoß und küsste sie ab. So etwas sollte eigentlich nicht passieren, denn immerhin gehörte Maria Theresia zu den Respektspersonen, sie war Königin von Ungarn und Böhmen, Erzherzogin von Österreich und Herrscherin in vielen anderen Ländern. Aber sie lächelte über den kleinen Musiker und schickte ihm drei Tage später ein prächtiges Staatskleid, das eigens für ihn gefertigt war.

DIE REFORMEN MARIA THERESIAS

Maria Theresia suchte sich für ihre Regierungsgeschäfte gute Berater und führte in ihrem Staat viele Reformen durch. Eine betraf alle Kinder in Stadt und Land. Im Jahre 1774 unterschrieb die Monarchin die „Allgemeine Schulordnung“, nach der nun alle Kinder Unterricht erhalten sollten.

So sah es ungefähr vor 230 Jahren in einem KLASSENZIMMER aus: Zwei Lehrer unterrichten die Schüler. Wenn ein Kind nicht aufpasst, bekommt es Schläge mit dem Kochlöffel. Ein Bub ist sogar am Schreibtisch des Lehrers angebunden und weint bitterlich. Der Großteil der Kinder ist sehr ärmlich gekleidet, manche tragen keine Schuhe.
(Ölgemälde, um 1775. ⊙ Wien Museum Karlsplatz)

Denn bisher leisteten sich nur Eltern, die genug Geld hatten, Privatlehrer für ihre Kinder. Nun mussten alle Kinder von sechs bis zwölf Jahren lesen, schreiben und rechnen lernen. Die Kinder erfuhren etwas über die Wirtschaft und erhielten Lehren, wie man ein rechtschaffener, guter Mensch wird. Doch der Schulbesuch war nicht so einfach, denn viele Kinder mussten zu Hause helfen oder gingen schon arbeiten.

In jener Zeit nahmen die Fabriken in den Vorstädten zu. In Wien wurden vor allem Stoffe, zum Beispiel kostbare Seiden, gewebt. Die Seidengasse im 7. Wiener Bezirk erinnert daran. Diese Gegend hieß später „Brillantengrund", weil die Fabrikherren so viel Geld verdienten. Die Kinder aber, die zwischen den engen Webstühlen hin- und herliefen und abgerissene Fäden wieder anknüpften, bekamen fast keinen Lohn. Es gab große Ungerechtigkeiten bei der Bezahlung der Arbeit.

Maria Theresia förderte alle Fabrikunternehmen, die im eigenen Land Waren produzierten. Denn dann musste nicht mehr so viel aus dem Ausland eingeführt werden. Die Textilindustrie gehörte dazu, aber auch die Porzellanerzeugung und vieles mehr.

Die BEVÖLKERUNG wurde in jener Zeit in Klassen geteilt. Jede Person gehörte von Geburt an zu einem Stand: der Bauer zum „Bauernstand", der Bürger zum „Bürgerstand", der Edelmann zum „Adel" und der Geistliche zum „Prälatenstand". Für jeden Stand gab es bestimmte Vorschriften. So war die Kleidung genau festgelegt. Den niedrigen Ständen, zu denen Bauern und Handwerker gehörten, war jeder Luxus verboten.

DIE „KLEINE POST“ IN WIEN

In der Barockzeit liegen die Anfänge des Postwesens in der heutigen Form. Im Jahre 1772 eröffnete die „Kleine Post“ in Wien ihre Dienste. Jeder Bote trug einen nummerierten Briefkasten aus Blech bei sich, der an einer Schnur baumelte. Sechsmal im Tag liefen die Boten durch die Stadt, um die Post abzuholen und zuzustellen. Das Porto zahlte, wie es damals üblich war, der Empfänger.

Bei seinen Rundgängen durch die Stadt führte der Postbote eine „Klapper“ mit, die beim Laufen einen ziemlichen Lärm erzeugte. So konnten die Leute schon von der Ferne den nahenden Boten hören und rasch ihren Brief fertig machen. Die Post kam dann in den verschlossenen kleinen Umhängkasten. Den Schlüssel dazu hatte nur das Postamt, dem der nummerierte Briefträger angehörte. Das „Oberamt der kleinen Post“ befand sich in der heutigen Wollzeile.

Die neue Einrichtung der Briefabholung nannten die Wiener scherzhaft die „Klapperpost“. Fest montierte Postkästen an Hauswänden gab es damals noch nicht.

Der POSTBOTE trägt den kleinen Briefkasten umgeschnallt. In der rechten Hand hält er die „Klapper“, die einen eigenen Lärm erzeugte. Die Leute konnten schon von weitem das Kommen der Klapperpost hören.
(Aus der Serie: Der Kaufruf in Wien, Kupferstich nach Friedrich Brand, 1775/76. ⊙ Wien Museum Karlsplatz)

KLEINE CHRONIK

1526 Nach der Schlacht bei Mohács fallen Böhmen und Ungarn an Österreich.

1529 Erste Türkenbelagerung.

Um 1625 Protestantische Bürger müssen aus Wien auswandern.

1679 Pest in Wien.

1683 Zweite Türkenbelagerung.

1688 Beginn der Straßenbeleuchtung in Wien.

1704 Zum Schutz der Vorstädte wird der Linienwall angelegt.

1713 Pest in Wien.

1740 Regierungsantritt Maria Theresias.

1754 Wien hat bereits 175.000 Einwohner.

1766 Josef II. öffnet den Prater für die Bevölkerung.

1774 Maria Theresia führt die Schulpflicht ein.

1781 Josef II. erlässt das „Toleranzpatent“: Freie Religionsausübung und gleiche Rechte für alle protestantischen Bekenntnisse und die griechische Kirche.

1782 Toleranzpatent für die Wiener Juden.

VON HAUSZEICHEN UND HAUSNUMMERN

Im Jahre 1770 wurden in Wien zum ersten Mal alle Häuser durchnummeriert. Die Hofburg, in der Maria Theresia mit ihrer Familie wohnte, bekam die Nummer 1, und dann wurde auf alle Gebäude die fortlaufende Zahl einfach an die Wand gemalt. Bisher hatten sich die Leute in der Stadt nur nach den einzelnen Hauszeichen zurechtgefunden.

Ein gemaltes Hauszeichen in der Bäckerstraße 12 erzählt eine besondere Geschichte. Es heißt „ALLWO DIE KUH AM BRETT SPIELT“.

Vor einem Spielbrett liegt eine Kuh mit einer Brille, ihr gegenüber sitzt ein Wolf. Die beiden Tiere stacheln sich untereinander auf und streiten. Der Wolf sagt: „Ich wirf darein, dein Haut gehört mein!“ Die Kuh antwortet: „Prahl nicht so geschwind im Spielen! Dein Unglück kannst du bald fühlen!“ Zwischen den beiden steht ein Kürschner mit einer Fliegenklatsche und spricht: „Ich wehr, und leucht’, erwart die Zeit; wie sich wird enden eurer Streit.“ Eine Fliege summt einsam um den Kopf der Kuh.

Und was soll das bedeuten? Das Hauszeichen wurde in jener Zeit gemalt, in der sich ein neuer Glaube von der katholischen Kirche abspaltete. Martin Luther gründete die evangelische Kirche und auch in Wien gewann die neue Lehre viele Anhänger. Die Bedeutung dieser Geschichte liegt nun darinnen, dass der Wolf die evangelische Seite darstellt und die Kuh die katholische. Der Kürschner steht für die gierigen Rechtsanwälte und Stadträte dieser Zeit, die abwarten, um sich dann auf die Seite des Siegers zu schlagen.

In der Barockzeit wurde die evangelische Religion verboten. Der Herrscher bestimmte die Religion seiner Untertanen. In Österreich mussten sich die Menschen katholisch taufen lassen oder das Land verlassen.

LIXL ERZÄHLT ÜBER HAUSZEICHEN:
Da hab ich mir jetzt ein altes Bücherl in der Bibliothek im Wiener Rathaus ausgeborgt. Auf all den Seiten sind die Hauszeichen von A bis Z angeführt. Beim Blättern fallen mir gleich die vielen Tiernamen auf. Ich bin entzückt: Allein 80 Adlerschilder finde ich darinnen. Da soll einem nicht vor Stolz die Brust schwellen!
Andere Tiere sind bei den Hauszeichen ebenso vertreten: Löwen, Bären, Hirsche, Pferde, Igel, Fische und Einhörner. Daneben gibt es andere Darstellungen, wie Heiligen- und Marienfiguren, die das Haus vor Unheil schützen sollen. Wenn ich dir alles aufzähle, bekomme ich einen wunden Schnabel, so viele Dinge haben sich die Leute ausgedacht: Sterne, Kugeln, Säulen und was-weiß-ich-noch-alles.

EINE NEUE ZEIT BRICHT AN

Als Kaiser Josef II., der Sohn von Maria Theresia, an die Regierung kam, führte er viele Reformen durch, die von Vernunft, Nützlichkeit und Menschenliebe bestimmt waren. Er kämpfte gegen die barocke Welt, in der die Adeligen von Geburt an alle Vorrechte besaßen. Um seine Vorstellungen sichtbar zu machen, öffnete er den Prater und den Augarten, wo bisher nur Adelige spazieren gehen und jagen durften, für alle Wienerinnen und Wiener.

Auch in seiner Hofburg wurden im Fasching die prächtigen Ballsäle für alle Menschen zugänglich. Bei den Tanzfesten sollte es keine Standesunterschiede geben. Das gefiel dem Adel gar nicht und Josef II. musste eigene Wachen aufstellen lassen, damit seine Anordnungen eingehalten wurden. Der Monarch kümmerte sich um die Gesundheit seiner Untertanen höchstpersönlich. Statt riesiger, herrschaftlicher Paläste ließ er außerhalb der Stadtmauern ein großes, damals ganz modernes Spital für die Bevölkerung errichten, das Allgemeine Krankenhaus.

Die wichtigsten Veränderungen erfolgten in den Bereichen der Religion und der Meinungsfreiheit. Durch ein neues Gesetz sicherte Josef II. allen Bürgern die freie Religionsausübung zu. Bisher war die katholische Kirche die Staatsreligion. Jetzt sollte niemand mehr wegen seines Glaubens verfolgt werden. Die Evangelischen konnten nun ihre Kirchen errichten, die allerdings vorerst keine eigenen Kirchentürme haben durften – das blieb noch ein Vorrecht der Katholiken. Auch die Juden erhielten ihre Religionsfreiheit und mussten nicht mehr in eigenen Stadtvierteln, den so genannten Gettos, wohnen.

Das ALLGEMEINE KRANKENHAUS bot damals 2.000 Menschen Platz. Das kreisrunde Gebäude nannten die Wiener scherzhaft „Narrenturm“ oder „Gugelhupf“. Heute gehört diese Anlage der Universität Wien und ihren Studentinnen und Studenten. (Kolorierter Kupferstich von Josef Schaffer, 1787)

Weiters setzte der Kaiser durch, dass man frei seine Meinung schreiben und sagen durfte. Im Barock wurden nämlich alle Schriftstücke vor ihrer Veröffentlichung kontrolliert, ob sie politisch gefährlich oder ob sie unmoralisch waren. Manche Bücher und Zeitungen durften nicht gedruckt werden. Ein solches Vorgehen nennt man Zensur. Kaiser Josef II. hob die Zensur auf. Daraufhin zogen zahlreiche Maler, Dichter und Musiker nach Wien. Hier erhofften sie sich künstlerische Freiheit und gute Aufträge.

V. WIENER KLASSIK UND BIEDERMEIER VON MUSIKALISCHEN WUNDERKINDERN

Am Ende des 18. Jahrhunderts begann die Zeit der „Weltmusikstadt" Wien. Begabte Musiker kamen in die Stadt, hier erwarteten sie sich künstlerische Freiheit und ein begeistertes Publikum.

Diese Epoche ist besonders mit den Namen Joseph Haydn, Wolfgang Amadeus Mozart, Ludwig van Beethoven und Franz Schubert verbunden. Die Musik, die sie komponierten, ist in der ganzen Welt als „Wiener Klassik" berühmt geworden. Die Bezeichnung „Klassik" wird für ein vollkommenes Kunstwerk verwendet und bedeutet auch den Höhepunkt einer Kunstrichtung.

DER KOMPONIST JOSEPH HAYDN

Zu den berühmten Zuwanderern gehörte Joseph Haydn (1732–1809). Gebürtig aus Rohrau in Niederösterreich, hatte er jahrelang dem vermögenden ungarischen Fürsten Esterházy gedient. Haydn strebte die vollkommene Musik an und schuf mit großem Wissen über 100 Sinfonien, viele Sonaten und Opern. Er schrieb auch Werke mit religiösem Inhalt wie Messen und Oratorien. Zweimal reiste er nach England, wo er Triumphe feierte. Ungefähr 1.000 Werke hinterließ er der Nachwelt. Haydn war wohlhabend und konnte sich ein Haus in der Vorstadt Windmühle im heutigen 6. Bezirk kaufen.

Als 1809 Napoleon, der Kaiser der Franzosen, die Stadt Wien beschoss und einnahm, starb Haydn im hohen Alter. Napoleon ließ eine französische Ehrenwache vor dem Haus des Komponisten aufstellen. So bewies er seine Wertschätzung.

WOLFGANG AMADEUS MOZART ZIEHT NACH WIEN

Ganz anders erging es dem Salzburger Wolfgang Amadeus Mozart (1756–1791) in Wien. Mit 35 Jahren starb er vollkommen verarmt, obwohl seine letzte Oper, „Die Zauberflöte“, ein Riesenerfolg geworden war. Am Friedhof St. Marx, der außerhalb der Stadtmauern lag, wurde Mozart nicht einmal in ein eigenes Grab, sondern in ein Reihengrab zu anderen Verstorbenen gelegt. Bis heute aber ist das Rätsel, wo sich sein Leichnam nun wirklich befindet, nicht gelöst.

Mozart hat für einen Künstler der damaligen Zeit einen unwahrscheinlichen Mut bewiesen: Er wollte nicht mehr einer hoch gestellten Persönlichkeit dienen, er wollte ein freier und unabhängiger Künstler sein. Und so verließ er mit 25 Jahren den Dienst des Salzburger Erzbischofs und verzichtete somit auf ein regelmäßiges Gehalt, auf freie Unterkunft und Verpflegung. Mozart ließ sich in Wien nieder und teilte wenig später seinem Vater in einem Brief mit, dass diese Stadt für ihn „der beste Ort in der Welt“ sei.

Seine Zeitgenossen hatten Mozarts außerordentliche Begabung bald erkannt. Mit drei Jahren begann Wolfgang auf dem Klavier zu spielen, sein Schaukelpferd und seine Wurstelpuppe mussten beim Musizieren zuhören. Als Fünfjähriger komponierte er bereits sein erstes Klavierstück. Ab seinem sechsten Lebensjahr trat Wolfgang Amadeus Mozart als Wunderkind gemeinsam mit seiner Schwester Nannerl in vielen Städten Europas auf. Er spielte auch in Wien vor der Herrscherin Maria Theresia auf dem Klavier.

Der Vater LEOPOLD MOZART musizierte auf vielen Konzertreisen mit seinen beiden Kindern WOLFGANG AMADEUS und NANNERL. Das Publikum war von den Wunderkindern begeistert. (Kupferstich nach Louis Carrogis de Carmontelle, 1764. ⊙ Mozart Figarohaus)

Schon als Kind sprach Mozart mit Kaisern und Königen und sein eigener Vater sagte über sein Talent: „Es übersteigt alle Einbildungskraft.“ Sein Ruhm verbreitete sich wie ein Lauffeuer und viele Konzertreisen vermehrten ihn noch. Damals gab es kein Flugzeug, kein Auto und keine Eisenbahn. Mozart musste mit einer Kutsche weite Strecken auf holprigen und schlechten Straßen zurücklegen. Das war sehr anstrengend und er erkrankte mehrmals. Mit zwanzig Jahren war Amadeus, wie er sich nun selber nannte, ein gefeierter Komponist.

Seit 1781 lebte Mozart in Wien. Hier schrieb er seine berühmtesten Opernwerke und Sinfonien, gab Klavierstunden und viele Konzerte. Er komponierte mit großer Leidenschaft. Ohne viel ausbessern zu müssen, erfand er mit unwahrscheinlicher Schnelligkeit seine Musikstücke. Es schien, als ob in seinem Inneren schon das fertige Notenbild vorhanden war, das er nur mehr aufschreiben musste. Seine Zeitgenossen staunten nur so über ihn und wollten ständig neue Musik von ihm hören. Er besaß

WOLFGANG AMADEUS MOZART war ein zierlicher und lebhafter Mann. Auf dieser Darstellung trägt er sein Haar ungepudert und zu einem Zopf zusammengebunden. Unter seinen Augen sind tiefe Schatten zu sehen, denn Mozart komponierte rastlos und in ständiger Eile. Zeitgenossen rühmten dieses Bild, da es ihm äußerst ähnlich gesehen haben soll. (Silberstiftzeichnung von Doris Stock, Dresden 1789. Original verschollen)

ein so wunderbares Gedächtnis, dass er ein fremdes Musikstück, auch wenn es noch so lang war, schon nach einmaligem Anhören vollkommen richtig in Noten zu Papier bringen konnte.

Doch mit Geld konnte er nicht umgehen. Nur kurze Zeit verdiente er mit seinen Konzerten, Klavierstunden und seiner Musik recht gut. In jenen Jahren lebte er mit seiner Frau Constanze in einer prächtigen Wohnung beim Stephansdom. Dort schrieb er die Oper „Die Hochzeit des Figaro“. Heute heißt das Haus danach „Figarohaus“.

Die Wohnung des Ehepaares Mozart im Figarohaus war für damalige Verhältnisse ausgesprochen herrschaftlich: Vier Zimmer, zwei Kabinette und eine Küche gehörten dazu. Die Miete betrug im Jahr 480 Gulden. Das bedeutete eine ziemlich große Summe. Mozart bekam für seine ersten Opernkompositionen, für die er viele Wochen angestrengt arbeitete, ungefähr 450 Gulden, später dann für eine Oper 900 Gulden. Doch er hatte zusätzliche Ausgaben für Kleidung und Essen, ein Stubenmädchen und eine Köchin sorgten für größere Bequemlichkeit. Nach nur drei Jahren musste Mozart mit seiner Familie in eine billigere Wohnung in der Vorstadt umziehen.

Doch Mozart ließ es sich nicht verdrießen, er war ein spaßiger Mensch, dichtete kunterbunte Verse und verteilte gerne Kosenamen. Er nannte sich selbst einmal „Punkitititi“ und seine Frau Constanze „Schabla Pumfa“. Auch spielte er gerne Billard und tanzte sogar auf Bällen, was bei Musikern höchst selten vorkam. Er komponierte die Modetänze jener Zeit, Menuette und Deutsche Tänze. Für Kinder, die gerne singen, verfasste er eigene Lieder und lustige Kanons. Mitten im Winter entstand sein Lied „Komm, lieber Mai und mache …“. So sehr sehnte er sich nach Wärme und Licht und den bunten Farben der Natur.

Im letzten Jahr seines Lebens schuf Mozart eine Oper, die ein riesiger Erfolg wurde: „Die Zauberflöte“. In einem winzigen Holzhäuschen hatte er die schönen Melodien komponiert, die so leicht ins Ohr gingen, dass sie die Leute auf der Straße nachpfiffen. Doch bald nach der Uraufführung der Zauberflöte starb Wolfgang Amadeus Mozart. Er hinterließ seiner Witwe und seinen beiden Söhnen kein Geld, aber ihnen und der ganzen Menschheit mit über 1.000 Werken ein Vermögen an herrlicher Musik.

DIE ZAUBERFLÖTE gehört zu den wunderbarsten Opern, die Mozart geschrieben hat. Die Geschichte handelt von dem Prinzen Tamino, der sich in das wunderschöne Mädchen Pamina verliebt. Die beiden müssen viele Prüfungen bestehen. In der Not hilft dem Prinzen der Klang der Zauberflöte, mit der sogar wilde Tiere (wie hier im Bild) gezähmt werden können.

(Szenenbild aus der „Zauberflöte" von Josef und Peter Schaffer, 1795. ⊙ Mozart Figarohaus)

LUDWIG VAN BEETHOVEN, DER ZUWANDERER AUS BONN

Eigentlich wollte der junge Beethoven (1770–1827) bei Mozart studieren und kam mit 16 Jahren von Bonn nach Wien. Mozart erkannte sein Talent. Doch Beethovens Mutter erkrankte so schwer, dass der junge Musiker wieder nach Hause fahren musste. Als er nach Wien zurückkehrte, war Mozart bereits tot.

Beethoven gefiel es in Wien und er blieb in der Stadt. Der Adel schätzte sein wunderbares Klavierspiel. Der Musiker wurde bekannt, geehrt und wohlhabend. Trotzdem fühlte sich Beethoven sehr einsam. Sein Schicksal war für einen Musiker und Komponisten besonders hart: Schon in jungen Jahren wurde er taub und konnte nur mit Hilfe eines Hörrohrs etwas verstehen. Mit der Zeit nützte auch dieses Instrument nichts mehr. Er musste sich schriftlich mit seinen Mitmenschen unterhalten. Das war sehr mühsam! Aber die Musik in seinem Inneren, die hörte er. Beethoven hat viele Sinfonien, Kammermusikwerke und die Oper „Fidelio" komponiert.

DER WIENER FRANZ SCHUBERT

Der „Liederfürst" Franz Schubert (1797–1828) war natürlich kein Fürst, sondern der Sohn eines Lehrers. Aber er verfasste so herrliche Lieder, dass er diesen schmückenden Beinamen erhielt.

Schubert ist der Einzige unter den „Klassikern", der in Wien geboren

Der Musiker FRANZ SCHUBERT spielt gerade in einem fröhlichen Freundeskreis: Die eine Hälfte der Gesellschaft hat heimlich ein Wort vereinbart, das die andere erraten muss. Gespannt blicken Schubert am Klavier und die anderen auf die spielende Gruppe. Ein Mann hält in seinen erhobenen Armen Zweige. Er stellt einen Baum dar. Davor steht ein Paar mit einem Apfel. Sie spielen Adam und Eva und in der Tür erscheint schon ein Mädchen, das den Engel mit dem Schwert verkörpert. Die Freunde spielten die Geschichte des Sündenfalls aus der Bibel nach.

(Aquarell von Leopold Kupelwieser, 1821. ⊙ Schubert Geburtshaus)

worden ist. Sein Geburtshaus stand damals außerhalb der Stadtmauern in der Vorstadt Himmelpfortgrund, heute im 9. Bezirk. In einer kleinen Wohnung kam er als zwölftes Kind seiner Eltern in der Küche auf die Welt. Es war mitten im Winter und in der Küche war es am wärmsten.

Schon als Kind lernte Franz Schubert Klavier, Geige und Orgel spielen. Er wurde Sängerknabe und besuchte das Gymnasium. Mit 13 Jahren schrieb er sein erstes Stück und verbrauchte von nun an Unmengen Notenpapier, das ihm Freunde besorgten. Sein Vater wollte, dass Franz auch Lehrer werde, so wie er. Einige Jahre arbeitete Franz in der Schule des Vaters, daneben aber schrieb er seine Musik. Dann gab er den Beruf des Lehrers auf, um sich ganz dem Komponieren widmen zu können.

Doch wovon sollte er nun leben? Franz Schubert besaß keine adeligen reichen Freunde wie Haydn und Beethoven. Seine gleichaltrigen Bewunderer waren selbst Dichter, Musiker und Maler und brachten sich nur schlecht und recht durchs Leben. Meist wohnte Schubert bei einem Freund, und wenn einmal ein Musikstück von ihm gedruckt wurde und er ein wenig Geld bekam, verputzte er es gleich wieder mit seinen Freunden. Schubert war nämlich sehr witzig und gesellig und stand stets im Mittelpunkt. Er konnte wunderbar am Klavier fantasieren und jedes Treffen wurde erst durch ihn wirklich lustig. Oft spielte Schubert zum

Tanz auf, und dann gab es zur Stärkung Würstel, die nicht viel kosteten. Solche Veranstaltungen hießen „Schubertiaden“.

Schubert suchte sich seine Freunde aus. Immer, wenn ein neuer in den Freundeskreis aufgenommen werden wollte, fragte er: „Kann er was?“ So gaben ihm seine Freunde den Spitznamen „Canevas“. Oberflächliches Reden konnte Franz nämlich absolut nicht leiden. Er besaß aber noch einen Spitznamen, weil er ziemlich klein – seine Körpergröße betrug nur etwas über 156 cm – und fest und rund gebaut war: Schwammerl.

Tag und Nacht trug Franz Schubert eine Brille, weil er so kurzsichtig war. Sogar beim Schlafen legte er seine Augengläser nicht ab. Denn sollte er mitten in der Nacht aufwachen, um eine Melodie aufzuschreiben, brauchte er sie nicht mehr zu suchen und konnte sofort arbeiten. In seiner kurzen Lebenszeit verfasste er mehr als 1.000 Musikstücke, davon ungefähr 600 Lieder. Er schrieb Messen, Sinfonien, Streichquartette, Opern und verschiedene Tonstücke, darunter auch herrliche Walzer.

WIEN IM WALZERFIEBER

Vor 200 Jahren eroberte der Walzer die Tanzsäle Wiens. Er heißt zu Recht Wiener Walzer, denn die tanzlustigen Wiener und vor allem die Wienerinnen haben seine Bewegungen und Schritte in die noch heute gültige Form gebracht. In einem wilden Wirbel drehten sich damals die Paare ständig im Kreis herum und umarmten einander dabei. Wer den neuen Walzertanz nicht beherrschte, purzelte oft samt seinem Partner zu

In Wien wurden der WIENER WALZER und GALOPP so wild getanzt, dass es im Ballsaal oft zu turbulenten Stürzen kam. (Kolorierte Radierung nach Johann Christian Schoeller, 1839)

Boden. Das fand die Behörde sehr unmoralisch und verbot das Walzertanzen. Die Tänzer kümmerten sich aber nicht darum und walzten noch rasanter dahin. Sie wollten den Krieg, der rundherum tobte, einfach vergessen.

Napoleon, der Kaiser der Franzosen, war gerade im Begriff Europa zu erobern. Zweimal marschierte er mit seinen Soldaten in Wien ein und wohnte im Schloss Schönbrunn. Die Menschen wünschten sich nur eines: Frieden. Im Jahr 1814 war es so weit. Die Herrscher aus ganz Europa kamen zu den Friedensverhandlungen nach Wien. Dieses denkwürdige Treffen der Könige und Fürsten, der Wiener Kongress, dauerte bis in das nächste Jahr hinein. Und es wurde nicht nur gesprochen und verhandelt, sondern auch auf Bällen getanzt. So lernten verschiedene Nationen wie Russen, Franzosen oder Engländer den Wiener Walzer kennen.

In Wien begann in der Biedermeierzeit ein Wettstreit, wer die schönsten Walzer komponiere. Josef Lanner oder Johann Strauß? Die beiden waren ursprünglich Freunde und spielten als ganz junge Burschen in den Kaffee- und Gasthäusern auf. Dann trennten sie sich. Jeder gründete seine eigene Kapelle und besaß seine eigenen Anhänger. Ein neuer Walzer konnte damals in Wien Tagesgespräch sein, wie überhaupt das Interesse der Wiener auf Musik und Theater gerichtet war. Die Kunst war wichtig, alles andere schien nebensächlich.

DER WIENER KONGRESS

In den Jahren 1814 und 1815 fand in Wien ein denkwürdiges Treffen statt. Zahlreiche Herrscher aus ganz Europa waren gekommen, um nach einer langen Kriegszeit über einen dauerhaften Frieden zu beraten. Napoleon, der Kaiser der Franzosen, war besiegt worden.

Das Bild zeigt die neue Situation: Die Soldaten reiten in alle Richtungen davon. Der Krieg ist aus! Rund um den Kongresstisch sitzen über Landkarten gebeugt die Monarchen und verhandeln über die neue Aufteilung der Länder. In der Mitte thront der österreichische Kaiser Franz, rechts von ihm der Kaiser von Russland, Zar Alexander. Der Friede wird Wirklichkeit. (Flugblatt, um 1815)

ZU BESUCH BEI HERRN UND FRAU BIEDERMEIER

Den Menschen der Biedermeierzeit – Herrn und Frau Biedermeier – sagt man heute gerne nach, dass ihre Vorlieben bei der Kunst, schöner Kleidung, gemütlicher Wohnung und einem guten Essen lagen. Heute sind Biedermeiermöbel sehr begehrt und nach wie vor sehr teuer. Ihren Preis hatten die Sessel, Tische und Kästchen schon damals, sie waren hauptsächlich nur für Adelige, Fabrikbesitzer und wohlhabende Bürger erschwinglich. Solche Möbelstücke machten die schönen Wohnungen noch behaglicher.

(Ausschnitt aus einem Wiener Mandelbogen, Verlag Trentsensky, um 1850)

Doch für die rasch anwachsende Bevölkerung wurde während der Biedermeierzeit der Raum innerhalb der gewaltigen Stadtbefestigung knapp. Da es zu wenig Wohnungen gab, siedelte sich der größte Teil der Menschen in den Vorstädten an. Dort war das Leben billiger und viele Häuser wurden nun umgebaut oder neu errichtet. Im Jahre 1831 lebten ungefähr 50.000 Menschen innerhalb der Stadtmauern und 270.000 in den Vorstädten. Zusammengerechnet ergab das eine Bevölkerungszahl von 320.000 Wienern. Nicht dazu gezählt wurden die Vororte vor dem Linienwall. Diese Vororte wie Simmering, Meidling, Ottakring oder Hernals waren noch kleine Dörfer.

Die Bürger dieser Zeit wetteiferten darin, ihre Wohnung besonders gemütlich einzurichten. Alle Möbel sind entlang der Wand aufgereiht. Der hohe Kachelofen und die Teppiche strahlen Behaglichkeit aus. An den Wänden hängen viele Bilder, wie in einem Museum stehen kleine Gipsfiguren umher. Die Menschen waren an der Kunst sehr interessiert. Sie malten, zeichneten und stickten auch gerne.
(Aquarell, um 1845)

Die DAMPFMASCHINE veränderte die Welt. Sie betrieb Fabrikanlagen, Eisenbahnen und Schiffe.

NEUE ERFINDUNGEN VERÄNDERN DIE WELT

Im 18. Jahrhundert wurde in England die Dampfmaschine erfunden. James Watt brachte diese neue Kraftmaschine, die schwere Arbeit übernehmen konnte, zum wirkungsvollen Einsatz. Mit der neuen Maschine wurden das Dampfschiff und die Eisenbahn entwickelt. Das Maschinenzeitalter begann.

Im Jahr 1825 wurde in Wien die erste Dampfmaschine in einer Druckerei eingerichtet. Sie trieb mit enormer Kraft Maschinen an, die Banknoten, also Papiergeld, herstellten. Nun entstanden immer mehr Fabriken in Wiens Vorstädten. Die Kraftmaschinen veränderten das Arbeitstempo, in der Fabrik musste immer schneller gearbeitet werden.

Die Menschen, die dort an den Maschinen standen, waren ohne Recht und Schutz. Zahlreiche Handwerker verarmten, da die neuen Maschinen viele Bereiche der menschlichen Handarbeit ersetzten. Damals bildete sich der neue Stand der Arbeiter.

Die Arbeitszeit für Erwachsene betrug 14 bis 16 Stunden am Tag und der Lohn war gering. Frauen und Kinder erledigten die Arbeit noch billiger und wurden deshalb bei der Einstellung bevorzugt. Erst im Jahr 1842 wurde ein Gesetz beschlossen, das in ganz Österreich die Arbeit von Kindern unter zwölf Jahren verbot. Trotzdem werkten weiterhin viele Kinder schon ab ihrem neunten Lebensjahr.

FOTOAPPARAT UND NÄHMASCHINE

◀ Der Wiener Optiker Peter Wilhelm Voigtländer konstruierte die erste Ganzmetallkamera der Welt. Im Biedermeier gab es bereits zahlreiche fotografische Experimente. Voigtländer hatte großen Erfolg, 1841 verkaufte er mehrere hundert Stück seines Fotoapparates.

Ganz anders erging es dem Erfinder Josef Madersperger, der von Beruf Schneidermeister war. Damals wurde noch alles mühsam mit der Hand genäht. Sein ganzes Leben beschäftigte sich Madersperger mit der Konstruktion einer Nähmaschine. Aber niemand zeigte dafür Interesse. ▶

(Erste Ganzmetallkamera der Welt, 1841; Nähmaschine von Madersperger, 1839. ⊙ Technisches Museum Wien)

ES FÄHRT DIE ERSTE EISENBAHN

Im Biedermeier schlug die Geburtsstunde der Eisenbahn. Das war für die Bevölkerung jener Zeit eine riesige Sensation. Waggons, die sich vorwärts bewegten, ohne dass Pferde vorgespannt waren! Da kamen tausende Menschen, um dieses ungewöhnliche Wunder zu bestaunen.

Am 13. November 1837 fand in Floridsdorf bei Wien die erste Probefahrt auf der neu gebauten Bahnstrecke nach Deutsch-Wagram statt. Auf eben dieser Strecke fährt heute die Wiener Schnellbahn. Die Bahn wurde nach dem vollständigen Ausbau bis nach Brünn geführt. Diese Stadt liegt im Norden von Wien in der heutigen Tschechischen Republik.

Im ersten Jahr fuhren die Wiener zum Spaß mit der Eisenbahn, die Fahrt mit diesem neuen Verkehrsmittel bedeutete für sie ein Erlebnis. In erster Linie diente aber die Nordbahn dazu, Kohle nach Wien zu transportieren. Denn Kohle war im Zeitalter der Dampfmaschine ein wichtiger Rohstoff. Vier Jahre später, 1841, erfolgte der Bau der Südbahn und erst 1858 jener der Westbahn.

Bereits einige Jahre vor der Inbetriebnahme der ersten Dampflokomotive in Österreich fuhren Dampfschiffe auf der Donau. Das Dampfschiff hatte damit den Wettlauf gegen die Eisenbahn gewonnen! Die erste „Fahrt mit Dampf“ auf der Donau von Wien nach Budapest im September 1830 gestaltete sich zu einem Volksfest.

Die ERSTE EISENBAHN in Österreich fuhr im Jahr 1837 von Floridsdorf nach Deutsch-Wagram. Die Lokomotive „Austria“ stammte aus der Stephenson-Werkstätte in Newcastle (England). Bei ihrer Eröffnungsfahrt zog die Lokomotive acht Waggons und benötigte für die 13 Kilometer lange Strecke 21 Minuten. Das war eine Geschwindigkeit von 37 km/h.

(Kaiser-Ferdinands-Nordbahn, 1838. Aquarell von Josef Wohlmuth nach Franz Kaiser)

DIE REVOLUTION ist im Oktober 1848 gescheitert. Die Leopoldstadt wird von den Bürgern noch verteidigt, aber die kaiserlichen Truppen haben die Häuser zu beiden Seiten der Jägerzeile (heute Praterstraße) schon in Brand geschossen. (Gouache von Carl Goebel, 1848. © Wien Museum Karlsplatz)

DIE REVOLUTION 1848

Trotz der zahlreichen Erfindungen und Neuerungen wuchsen die Probleme in der Stadt. Es gab für viele Menschen zu wenig Arbeit, sie verdienten fast nichts und konnten daher kaum leben. Die Wohnungen wurden aber teurer. Vollkommen Verarmte zogen sogar in Höhlen, um darin zu hausen.

Und noch etwas war für viele Wiener unerträglich geworden: Sie durften ihre Meinung nicht frei heraussagen. Im Biedermeier überwachte der Staat seine Bürger, denn der Kaiser und seine Berater hatten Angst vor einem Aufruhr. Die Menschen durften sich zwar kulturell betätigen, aber jede politische Aktion war verboten. Politische Wahlen gab es nicht. Die Zeitungstexte wurden von Staatsbeamten geprüft, ob sie für die Veröffentlichung geeignet waren. Auch Bilder unterlagen der Zensur. Die Wiener Bürger wurden bei ihren Gesprächen in den Wirtshäusern durch Spione, so genannte „Spitzel", belauscht. Diese meldeten jedes verdächtige Wort sofort an die Behörde weiter.

In dieser Situation kam es im März 1848 zur Revolution. In vielen Städten erhoben sich Bürger und Arbeiter gegen die herrschende Schicht. Die Bürger von Wien und ihnen voran die Studenten demonstrierten in der Innenstadt, die Arbeiter in den Vorstädten schlossen sich dem Aufstand an. Sie forderten Freiheit und Aufhebung der Zensur. Zuerst wurde von kaiserlichen Soldaten in die Menge geschossen, es gab Tote und Verwundete. Dann musste Kaiser Ferdinand nachgeben und freie Wahlen sowie eine Verfassung versprechen. Der bei den Wienern verhasste Staatskanzler Fürst Metternich wurde vom Kaiser entlassen und musste fliehen. Bürger und Studenten bildeten eine eigene Bürgerwehr, die Nationalgarde genannt wurde.

In Wien übernahmen die Revolutionäre die Herrschaft über die Stadt. Doch die Lage spitzte sich immer mehr zu. Kaiser Ferdinand flüchtete aus Wien und ließ schließlich Soldaten gegen die aufrührerische Stadt marschieren. Die Wiener hatten auf den Straßen Barrikaden zur Verteidigung errichtet. Sogar Frauen, vor allem Arbeiterinnen, griffen zu den Gewehren. Neun Tage belagerten kaiserliche Truppen die Stadt und schlugen die Revolution in einem blutigen Kampf nieder. Somit war die Revolution nach sieben Monaten gescheitert – und die Probleme blieben weiterhin bestehen.

Der Kaiser dankte ab und ernannte seinen erst 18 Jahre alten Neffen Franz Joseph zu seinem Nachfolger. Kaiser Franz Joseph regierte dann in Österreich fast 70 Jahre lang.

KLEINE CHRONIK

1814/15 Der Wiener Kongress berät über den Frieden und die Neuordnung Europas.

1815 Das Polytechnische Institut (die Technische Universität) wird gegründet.

1823 Auf der früheren Burgbastei wird der Volksgarten als Park eröffnet.

1830 Erste Probefahrt eines Dampfschiffs auf der Donau.

1837 Die 1. Dampfeisenbahnlinie Österreichs wird in Floridsdorf eröffnet.

1842 Die Arbeit von Kindern unter 12 Jahren wird verboten.

1847 Nach Missernten herrscht Hungersnot in Wien.

1848 Revolutionsjahr.

DER ARBEITSLOSE TISCHLER wird gepfändet, er und seine Familie müssen die Werkstätte und die Wohnung verlassen. Die Fabrik kann mit den neuen Maschinen die Möbel billiger herstellen.
(Alois Schönn, Die Delogierung, um 1850. ⊙ Wien Museum Karlsplatz)

Der ARBEITER trägt an der Kappe das Bekenntnis zur Revolution.

(A. Zampis, Barrikaden-Kappe)

Auf der RINGSTRASSE sind die frisch gepflanzten Bäumchen zu erkennen. Das PARLAMENT ist noch von einer Baustelle umgeben. Dahinter liegt das RATHAUS, aber sein mächtiger Turm ist noch im Wachsen. Parlament und Rathaus wurden gleichzeitig 1883 fertig. Das große Gebäude im Hintergrund ist die UNIVERSITÄT, dahinter ragen die Türme der VOTIVKIRCHE hervor.
(Foto, um 1881)

VI. DIE WELTSTADT WIEN ZEIT DES RINGSTRASSEN-BAUS

Hunderte Jahre umschloss eine imposante Befestigungsanlage die Stadt. Um 1860 aber erhielt Wien ein neues Gesicht: Die mächtige Stadtmauer wurde niedergerissen, an ihrer Stelle entstand die Ringstraße mit prunkvollen Gebäuden. Die ehemaligen Vorstädte wurden zu „Neu-Wien“ eingemeindet, dann kamen die Vororte dazu. Durch die ständigen Erweiterungen erreichte die Stadt fast die gleiche Ausdehnung wie heute.

Die Haupt- und Residenzstadt lockte Menschen aus allen Teilen der Monarchie an. Die Zuwanderer erhofften sich in der Großstadt genügend Arbeit, bessere Lebensbedingungen und ein bisschen mehr Lebensglück. So entwickelte sich Wien zu einer Weltstadt, die in der Zeit um 1910 über zwei Millionen Einwohner zählte.

Es war aber eine Zeit voll krasser Gegensätze: Während wenige Wohlhabende sich Luxushäuser leisten konnten, hatte ein großer Teil der Bevölkerung nicht einmal das Notwendigste zum Leben.

DER BAU DER RINGSTRASSE

Am 1. Mai 1865 eröffnete Kaiser Franz Joseph feierlich die Ringstraße. Als neue Prachtstraße der kaiserlichen Hauptstadt wurde sie besonders großzügig angelegt. Gemeinsam mit dem Kai entlang des Donaukanals bildet sie um die Innenstadt einen Ring.

Der Abbruch der Stadtmauer und die Einebnung des Stadtgrabens hatten fast sieben Jahre in Anspruch genommen. Große Mengen an Schießbaumwolle wurden dafür verbraucht, gewaltige Erdumwälzungen waren notwendig. Kein einziges altes Stadttor ließ man zur Erinnerung stehen; nur der Kern der Mölkerbastei, kleine Reste der Augustiner-, Dominikaner- und Coburgbastei sind erhalten geblieben.

Bei der Eröffnung lagen schon die Pläne für die Ausgestaltung der neuen Prachtstraße vor. Wichtige Gebäude für Regierung und Kunst sollten den neuen Ring säumen, ebenso prächtige Wohnpaläste der reichen Großstadtbürger. Die Staatsoper, die damals noch k. k. Hofoper hieß, war das erste vollendete Gebäude an der Ringstraße. In kürzester Zeit wurde dann Bau um Bau fertig gestellt: die Börse, das Kunst- und das Naturhistorische Museum, das Parlament und das Rathaus …

Auf den ehemaligen Glacisgründen errichtete man das Künstlerhaus, das Gebäude der Akademie der bildenden Künste und das Musikvereinsgebäude.

So unterschiedlich die Ringstraßengebäude auch aussehen, eines haben sie gemeinsam: Die Architekten ahmten Bauformen aus vergangenen Epochen nach. Dazu wendeten sie aber moderne, zeitgemäße Bautechniken an. So erinnert das Parlament mit seinen Säulen an die altgriechische Baukunst. Die Fassade des Rathauses ist wiederum dem gotischen Stil nachempfunden, in dem zum Beispiel sechs Jahrhunderte vorher der Stephansdom errichtet worden war. Meistens mischten die Architekten an einem einzigen Gebäude die Stile aus verschiedenen Epochen, um daraus etwas Neues zu schaffen. Diese Kunstrichtung wird Historismus genannt.

Bis zum Bau der Ringstraße gab es zwölf STADTTORE. Alle Tore wurden niedergerissen. (Foto, um 1858)

HÄUSER UND MENSCHEN AUF DER RINGSTRASSE

Auf den ehemaligen Gründen der Stadtbefestigung und des Glacis war auch Platz für ungefähr 650 große Wohnhäuser. Nur die ganz reichen Bank- und Fabrikbesitzer konnten sich hier ihre Prachthäuser leisten. Richter und prominente Ärzte mieteten sich ein. Die reichlich verzierten und geschmückten Fassaden kündeten schon von außen vom Wohlstand ihrer Bewohner.

An schönen Tagen traf sich die elegante und reiche Welt auf der Ringstraße zu einem kleinen Tratsch. Der beliebteste Treffpunkt war bei der Oper. Ihr gegenüber betrieb August Sirk ein feines Lederwarengeschäft. Die Wiener vereinbarten deshalb gerne ihre Verabredung mit den Worten: „Wir treffen uns bei der Sirk-Ecke!" Zu Mittag und am Abend spielte sich dann ein merkwürdiges Treiben ab. Die vornehmen Damen und Herren spazierten zwischen Oper und Schwarzenbergplatz auf und ab, lächelten, grüßten vorübergehende Bekannte und plauderten miteinander. Dieses festliche Treffen war der Korso von Wien.

Auf der RINGSTRASSE VOR DER OPER traf sich die vornehme Gesellschaft. Besonders in den Mittagsstunden und am Abend gab es dort ein großes Gedränge. Bei diesem RINGSTRASSENKORSO wurde die neueste Mode vorgeführt. Die Frauen trugen Röcke bis zu den Knöcheln. Wenn es regnete oder sie schneller gehen wollten, mussten sie mit der linken Hand den Rock etwas hinaufraffen. Diesen „Faltengriff" führt gerade eine Dame im Vordergrund aus. Radfahren war noch neu und exklusiv. Es gab schon damals eine eigene Kleidung für Radfahrer. (Ölgemälde von Carl Schuster, um 1895)

Beim Ringstraßenkorso waren Damen sowie Herren und natürlich auch die Kinder immer nach der neuesten Mode gekleidet. Die Buben und Mädchen mussten im Sommer Hütchen nach dem letzten Schrei aufsetzen. Die Buben steckten oft in einem Matrosenanzug. Die Mädchen trugen halblange Röcke. Eine lange Hose für ein weibliches Wesen wäre damals undenkbar gewesen.

Die Kleidung war zwar schön anzusehen, aber nicht sehr bequem. Um besonders schlank zu sein, waren die Frauen in ein Mieder geschnürt. Außerdem war es modern, eine blasse und zarte Haut zu haben, sodass die elegante Dame im Sommer mit einem Sonnenschirm ausging. Die Männer hatten es etwas leichter, ihre Anzüge waren lässiger. Doch die Hemden wurden gestärkt, und die steifen Hemdkrägen hießen daher scherzhaft „Vatermörder". Zur Herrenkleidung gehörte stets ein Hut.

VON DER PFERDETRAMWAY ZUR ELEKTRISCHEN

Im Eröffnungsjahr der Ringstraße, 1865, fuhr in Wien die erste Straßenbahn, die so genannte Tramway. Die bisherigen Hindernisse für ein Verkehrsmittel auf Schienen waren durch den Abbruch der Stadtmauer und die Einebnung des Stadtgrabens beseitigt. Die blauen Holzwaggons wurden von Pferden gezogen, die Glöckchen umgehängt hatten. So konnten die Fußgänger schon von weitem das Herannahen der Pferdetramway hören und rechtzeitig aufspringen oder auch beiseite hüpfen. Die Wiener erfanden für ihr neues und noch recht ungewöhnliches Verkehrsmittel bald den Spitznamen „Glöckerlbahn“.

Die erste Strecke der Pferdetramway führte vom Schottenring nach Hernals. Das Verkehrsnetz wurde bald ausgeweitet, denn die Menschen mussten in der wachsenden Großstadt immer größere Entfernungen zurücklegen. Große Probleme ergaben sich durch das hügelige Gelände in Wien. Die Pferde waren großen Strapazen ausgesetzt, vor allem bei Talfahrten konnte es zu schweren Entgleisungen der Waggons kommen.

Neben der Pferdekraft kannten die Techniker damals bereits die Dampfmaschine. Am Rande der Stadt wurde eine Linie mit Straßenbahnlokomotiven geführt.

Doch eine wirkliche Verbesserung brachte erst die Einführung der Elektrizität. In den Jännertagen des Jahres 1897 fand die erste Ausfahrt einer elektrisch betriebenen Tramway statt. Die Streckenführung verlief quer durch Wien und heute folgt die Straßenbahnlinie 5 noch den Spuren der ersten Elektrischen. Fünf Jahre später wurde die Pferdetramway vollständig aus dem Verkehr gezogen.

Im Sommer fuhr die PFERDETRAMWAY mit offenen Waggons, für die kalte Witterung gab es eigene geschlossene Wagen. Damals war auf der Straße ein anderer Lärm als heute: Das Rumpeln der Tramway, das Pferdegetrappel und das Klingen ihrer Glöckchen mischte sich mit den Geräuschen der Kutscher und Fußgänger.

(Ausschneidebogen aus dem Wiener Verlag Barth)

GEBIRGSQUELLENWASSER IN DER STADT

Zur Ringstraßenzeit entflammte die Diskussion um die Wasserversorgung von „Neu-Wien". Eine einfache und billige Lösung wäre eine Anlage gewesen, die das Grundwasser von der Donau in die Wasserleitung pumpt. Die Entscheidung fiel aber für ein gewagtes Projekt: Frisches Quellwasser sollte aus dem Gebirge in die Großstadt geleitet werden. Der Geologe und Politiker Eduard Suess entwarf die Pläne für den Bau der I. Wiener Hochquellenleitung. Ein über 100 Kilometer langer gemauerter Kanal leitet das Wasser aus dem Rax- und Schneeberggebiet nach Wien. Anlässlich der Vollendung der Wasserleitung im Jahre 1873 wurde am Schwarzenbergplatz feierlich der Hochstrahlbrunnen eröffnet.

Das Wasser der I. Hochquellenleitung ist bis heute von hervorragender Qualität. Aber für das immer größer werdende Wien wurde die Wassermenge bald zu knapp. So kam es 1910 zum Bau der II. Wiener Hochquellenleitung. Quellen im Hochschwabgebiet wurden dazu erschlossen und das Wasser wird über eine 200 Kilometer lange Leitung herangeführt. Die I. und II. Hochquellenleitung sind so geschickt angelegt, dass das Wasser von den Quellen bis nach Wien leicht bergab fließt und daher keine Pumpanlagen notwendig sind.

Der Bau eines Aquäduktes für die II. Wiener Hochquellenleitung. Durch diese Brücke wird das Wasser über den Taleinschnitt geführt.
(Foto, 1910)

WIENER WITZ UND SPASS IM DREIVIERTELTAKT

Damals sangen, pfiffen, dudelten – eine Wiener Form des Jodelns – die Leute auf der Gassc und zu Hause im Walzertakt. Die schönsten Melodien schrieb der Walzerkönig Johann Strauß. Sein Königreich war der Ballsaal, wo er mit der Geige in der Hand seine neuesten Walzer dem neugierigen Publikum vorstellte. Alle tanzten nach „seiner Geige" und ein riesiges Orchester begleitete ihn.

JOHANN STRAUSS, um 1890

Ein paar Jahre nach der Eröffnung der Ringstraße komponierte Johann Strauß seinen berühmtesten Walzer „An der schönen blauen Donau". Er gilt heute als die heimliche Hymne von Wien und jedes Jahr führen die Wiener Philharmoniker beim Neujahrskonzert den Donauwalzer auf. Das Fernsehen überträgt seit vielen Jahren die Melodien für Millionen Menschen in alle Welt.

Auch in den Gasthäusern und beim Heurigen spielten Musiker Walzer und „Wiener Tanz" auf. Dazu gehören zwei Geigen, die auch bei hohen Tönen samtig und weich ertönen, und die „Klampfen", wie die Gitarre im Wiener Dialekt heißt. In Wien gibt es eine besondere Gitarre mit zwei Hälsen. Ihre tiefen Saiten werden dabei wie eine Harfe mit dem Daumen angeschlagen. Als viertes Instrument wurde damals gerne die Klarinette gespielt. Heute ist das „picksüße Hölzl", wie in Wien die Klarinette genannt wurde, durch die „Quetschn", die Ziehharmonika, ersetzt. Die Brüder Johann und Josef Schrammel entwickelten diese besondere Musik, die bis heute als „Schrammelmusik" bekannt ist.

Die Wiener Lieder sind oft eine Mischung von lustig und traurig. So, wie wenn man Zucker und Salz miteinander vermischen würde. Bei Traurigkeit hilft dem Zuhörer das Salzige und Saure, das bekanntlich wieder lustig macht; die süßen Melodien entrücken ihn in eine selige Stimmung. Aber die meisten der Wiener Lieder sind ziemlich salzig und resch, wie die bekannten Salzstangerln …

Das SCHRAMMELQUARTETT spielte mit Gitarre, zwei Geigen und Klarinette.

Denn der Wiener Witz liebt das Herbe. Ein Großteil der Wiener und vor allem die Wienerinnen waren für ihre spitze Zunge bekannt. Die Obstfrauen, die hinter riesigen Bergen von Äpfeln, Birnen und Zwetschgen verschwanden, besaßen ein gefürchtetes Mundwerk und tratschten so viel, dass sie „Fratschlerinnen" genannt wurden. Wehe, es war jemand nicht mit ihrer Ware und dem Preis zufrieden. Der bekam von ihnen einiges zu hören: „Wos? Umstieren tan S' in mein' Korb und schimpfn a no? Gengan S' ham oder kaufn S' Ihner an Gaßbart (Ziegenbart), dann könnan S' Gras fressen, dös kost nichts!"

Auch andere „Wiener Typen" fielen auf der Straße durch ihren Mutterwitz auf. Es waren vor allem Menschen, die besonders hart arbeiten mussten, sich aber nicht unterkriegen lassen wollten. Ihr Lebenswille schlug sich in ihrem Motto: „Immer nur lustig und munter" nieder, auch wenn ihnen gar nicht danach zu Mute war. Dazu gehörten die Wäschermädchen, die in der damaligen Zeit mit der Hand für fremde Leute die Wäsche schrubbten, auskochten, bügelten und sie ihnen dann wieder zustellten. Sie wohnten und arbeiteten in der „Waschburg". Diese bestand aus niederen, eng aneinander gedrückten Häuschen. An ihren Butten, in

Die DIENSTMÄNNER waren meist bei Bahnhöfen und vor Hotels zu finden und halfen gegen ein kleines Entgelt. (Foto, um 1880)

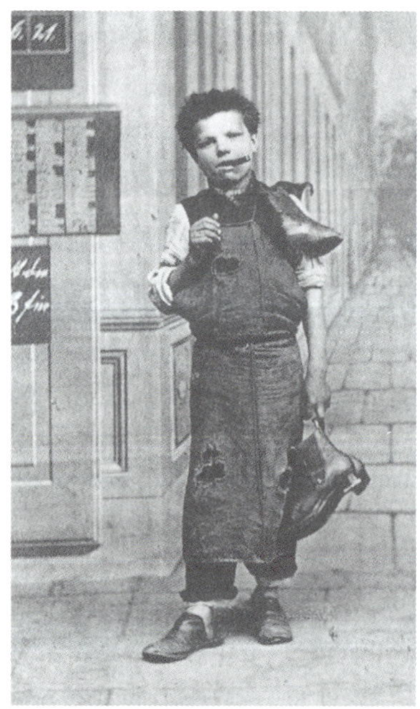

Der SCHUSTERBUB raucht den auf der Straße gefundenen Zigarettenstummel. Ob das gut für ihn ist? (Foto, um 1873)

denen sie die frische Wäsche aufgeschichtet hatten, konnte man sie auf der Straße erkennen. Sie ließen sich von niemandem etwas gefallen. Im Fasching feierten sie ihre eigenen Wäschermädlbälle, bei denen es hoch herging, viel Walzer getanzt wurde und sie ihre speziellen Lieder sangen.

Ebenso übermütig wie die Wäschermädl waren die Schusterbuben, obwohl ihr Schicksal oft besonders hart war. Die Lehrbuben wohnten damals bei ihren Lehrherren und mussten mit den Gesellen in einem Zimmer schlafen. Der Meister schlug sie, wenn sie nicht fleißig genug arbeiteten, die Gesellen ohrfeigten sie, wenn sie ihnen in der kargen Freizeit im Wege waren. Denn es gab oft Streit um das Essen, das nie für alle reichte. Die Meisterin stellte den Lehrbuben zum Frühstück eine Malzkaffeebrühe und ein Stück trockenes Brot hin, zu Mittag erhielten sie eine Wassersuppe mit Knochen und Fleischresten und für den Abend ein Nachtmahlgeld von zehn Heller.

Doch jeder, der einen Schusterbuben auf der Straße traf, hätte gemeint, den glücklichsten Menschen auf der Welt zu treffen. So frech und voller Streiche waren die Lehrbuben, die wirklich noch Buben, also Kinder, waren und schon so schwer arbeiten mussten.

Ein Werkelmann ist zu Besuch bei den WÄSCHERMÄDCHEN in der WASCHBURG. Gleich drehen sie sich flott zur Musik im Kreis. Die Wäschermädel und Knechte begannen im Morgengrauen mit der Arbeit und oft dauerte das Waschen und Schwemmen bis in die tiefe Nacht. Eine kleine Abwechslung war stets willkommen.
(Ölgemälde von Josef Engelhart, 1896)

Der 1. Mai war im PRATER stets ein besonderer Tag. Die Kastanienbäume blühen zu dieser Zeit und auch die Menschen kleideten sich feierlich und besuchten den Prater. Die Wohlhabenden veranstalteten mit ihren Kutschen eine Auffahrt in der PRATERHAUPTALLEE. Die Kleider der eleganten Damen waren maßgebend für die Mode des nächsten Jahres. Im Mittelpunkt des Bildes ist Bürgermeister Karl Lueger dargestellt. Im Jahr 1890 kam es zu einer grundlegenden Wende: Erstmals zogen Arbeiter zu einem Maiaufmarsch in den Prater.

(Aquarell von W. Gause, 1904)

IM PRATER

Am Sonntag wimmelte es am Praterstern nur so von Menschen. Die lustigen und lauten unter ihnen zogen in den Wurstelprater. Die stillen und gemütvollen bevorzugten die grünen, weitflächigen Naturauen. Das hat sich bis heute nicht geändert. Nur können heute zusätzlich die sportlich-rasanten Praterbesucher in das Stadion oder ins Schwimmbad oder zu einem Pferderennen eilen, während die Geschäftstüchtigen am Messegelände auf ihre Rechnung kommen.

Vor ungefähr 100 Jahren gab es im Wurstelprater noch keine so tollen Hochschaubahnen wie heute. Das Ringelspiel, die Schaukel und das Zielschießen belustigten Groß und Klein. Besonders viele Zuschauer lockte das Kasperltheater in einem kleinen Holzhäuschen an. In diesem trieb der Kasperl oder auch Wurstel genannt seine Späße. Diese lustige Figur hat dem Wurstelprater den Namen gegeben.

Als besondere Attraktionen jener Zeit galten diverse Schaustellungen in den Praterbuden: Zwerge und Riesen, Feuerschlucker, Kettensprenger, Maschinenmenschen, eine Dame ohne Unterleib, aber auch merkwürdige Tiere waren zu sehen. Artisten traten in Zirkuszelten auf. Die prächtig ausgestatteten Gast- und Kaffeehäuser veranstalteten Musik und Tanz.

Etwas Besonderes war damals schon der „Watschenmann". Diese menschliche Puppe besaß ein kugelrundes Gesicht, das den ganzen Tag seine Ohrfeigen abbekam. Denn gegen einen kleinen Geldbetrag konnte jeder einmal ordentlich zuschlagen, ohne selbst etwas befürchten zu müssen. Eine runde Mess-Skala zeigte an, ob man ein Kraftprotz war oder nur ein schwacher Bengel.

Mitten im Vergnügungsviertel des Wurstelpraters entstand 1896/97 ein technisches Wunderwerk: Der englische Ingenieur Walter Basset erbaute mit seinem Mitarbeiter Hitchines und weiteren 14 Engländern sowie hundert Wienern das Riesenrad.

Als die junge Republik Österreich im Jahre 1928 ihr 10-jähriges Bestehen feierte, wurde der Bau des Stadions im Prater beschlossen. Eine eigene kleine Bahn mit einer Dampflok – die Liliputbahn – wurde gegründet und heute noch lädt sie die Besucher zu einer Spazierfahrt vom Riesenrad durch den Wurstelprater zum Stadion ein.

In den letzten Tagen des Zweiten Weltkrieges – im Jahre 1945 – ging der Wurstelprater in Flammen auf. Fast alle Anlagen wurden zerstört. Nach dem Krieg bauten die Wiener den Wurstelprater wieder auf, doch an die Stelle der alten Ringelspiele und Holzbuden traten nun die mit großem technischen Aufwand betriebenen Vergnügungseinrichtungen. Nur das Riesenrad, übrigens das einzige noch bestehende auf der ganzen Welt, und die Liliputbahn wurden liebevoll renoviert. Sie sind nach wie vor in Betrieb und erinnern an den Zauber des alten Wurstelpraters.

Der Bau des RIESENRADES galt als technisches Wunderwerk. Es ist 64,75 Meter hoch, sein Gewicht beträgt 430 Tonnen. Es dreht sich mit einer Geschwindigkeit von 0,75 Metern pro Sekunde.

Beim WATSCHENMANN im PRATER war ein Kommen und Gehen. Ein Ausrufer lockte die Männer an, auch einmal ihre Kräfte an dem kugelrunden Gesicht zu probieren. Im bunten Menschengewoge sind elegante Herren und Damen, Kinder und viele Soldaten erkennbar. Im Vordergrund führt ein Soldat sein Mädchen aus, das die Tracht der Hannakinen aus Mähren trägt.
(Aquarell von Karl Feiertag, um 1900)

ALFONS PETZOLD wurde 1882 in Wien geboren. Er durchlebte eine Jugend voll Not und Entbehrungen, war als Kellner, Metallschleifer, Bauarbeiter und Hausdiener tätig und machte Arbeitslosigkeit und das Elend der Obdachlosen mit. Sein erster Gedichtband erschien 1910, dann folgten weitere Gedichtsammlungen und Romane. Petzold starb 1923.

Vor über 100 Jahren konnte man noch öfters ein HUNDEGESPANN sehen. Vor allem Händler, die ein kleines Geschäft besaßen, führten ihre Waren mit einem „Hundewagen" aus. Diese Hunde trugen auch stets die gleichen Namen: Sultan oder Nero, Tiger, Blaße, Pluto oder Hektor. (Aquarell von Franz Kopallik, um 1900)

MIT EINEM HUNDEWAGEN UNTERWEGS

Alfons Petzold fand als junger Mann in einer Schachtelfabrik eine Anstellung als Hausknecht. Er musste gleich am ersten Arbeitstag mit einem Hundewagen die Waren austragen. Petzold erzählt in dem Roman „Das rauhe Leben" von seinem ersten öffentlichen Auftreten als Hundekutscher, der selbst anziehen und mitlaufen musste. Die erste Ausfahrt endete auch prompt mit einem Missgeschick:

„Im Hofe, der von den Rückseiten der Häuser eingesäumt war, stellte mir Lina den Tyras vor. Er war ein rechtes Gemisch von allen möglichen Rassen, so recht mager in den Flanken, der Kopf war so groß wie der eines Kalbes. Das eine Auge schielte weiß Gott wohin, dafür blickte mich das andere umso treuherziger an. Der Wagen war ein ganzes Ungetüm, beinahe wie ein kleiner Möbelwagen, die Seiten waren mit grauer Leinwand bespannt, die an der Decke mit Eisenstäben verbunden waren. Ein leichtes Gruseln überfiel mich, als ich mir vorstellte, dass ich mit diesem Vehikel durch die verkehrsreichsten Straßen Wiens fahren sollte.

Alles war zur Abfahrt bereit. Der Hund zog ungeduldig an den Strängen, ich holte den Lieferschein und legte fatalistisch das „Scheibband" um die Brust. Die Sonne stach unerbittlich. Immer rasender stieß mich der Wagen die abschießende Straße hinab. Feuer sprühte vor meinen Augen auf, drang mir ins Gehirn und zerriss mir die klare Überlegung. Vergebens versuchte ich mich gegen die Vorderwand des Wagens zu stemmen und den wilden Lauf zu hemmen. Seine treibende Schwerkraft spottete der ohnmächtigen Anstrengung meiner Muskeln. Dazu zog Tyras keuchend und nach Kräften in den Riemen und war weder durch meine Zurufe noch durch Schläge, die ich in der höchsten Angst gegen seinen Kopf führte, von seinem Eiltrab abzubringen. Ein Mann, der sich uns entgegenstellte und den Wagen aufhalten wollte, wurde zur Seite geschleudert. An schreienden, mit den Händen herumfuchtelnden Leuten, an träge dahinschleichenden Lastfuhrwerken, kreischenden Kindern und bellenden Hunden sauste ich mit meinem irrsinnig gewordenen Hundefuhrwerk vorbei. Ein Weib, das die Gasse eben überquerte, verlor bei der Flucht vor uns ihren Sonnenschirm; unter Füßen und Rädern krachte er zusammen. Durch einen Wirbel an Schimpfworten und Gelächter ging es weiter. Was vorauszusehen war, wurde blitzschnell zum Ereignis. In unaufhaltsamem Wurf schleuderte mich der Wagen in die Hauptstraße gegen die elektrische Straßenbahn. Die Deichsel riss mich und den Hund in die Höhe, um uns dann auf die Straße zu stoßen. Sie selbst brach mitten auseinander. Das war in einer Sekunde geschehen."

Mit Donauschiffen wurde frisches Obst und Gemüse zum OBST-MARKT AM SCHANZEL geführt. Das Schanzel war ein kleiner Hafen am heutigen Donaukanal. Als der Bau der Stadtbahn entlang des Donaukanals begann, wurde dieser wichtige Markt aufgelassen. Heute befindet sich auf einem Teil des ehemaligen Marktgeländes der Ringturm.
(Ölgemälde von A. Schönn, 1895. © Wien Museum Karlplatz)

VOM ALLTAG IN DER GROSSSTADT

Vieles wurde in der Großstadt geregelt: die Wasserversorgung, die öffentliche Beleuchtung, das Schulwesen und der Verkehr. Doch um die Lebensbedingungen der arbeitenden Menschen und um die Arbeitslosen kümmerte sich vorerst niemand. So betrug zum Beispiel die Arbeitszeit der bei der Pferdestraßenbahn tätigen Kutscher am Tag bis zu 19 Stunden. Der Urlaub war unbezahlt. Erst nach einem Streik der Kutscher wurde die Arbeitszeit auf 12 Stunden verkürzt.

Doch viele waren schon froh, wenn sie überhaupt eine Arbeit bekommen konnten, auch wenn sie noch so schlecht bezahlt und noch so anstrengend war. In manchen Arbeiterfamilien gingen die Kinder statt in die Schule in die Fabrik, um etwas dazuzuverdienen. Niemand kontrollierte diese Zustände. Eine Lehre kostete damals die Eltern viel Geld, sodass arme Kinder weder einen Schulabschluss noch eine Lehre absolvieren konnten. Am Ende des 19. Jahrhunderts wurde die Not der arbeitenden Bevölkerung immer größer. Es kam auf den Straßen zu Tumulten, bei denen die Arbeiter mehr Rechte forderten. Neue Massenparteien wurden gegründet, die Christlichsoziale Partei und die Sozialdemokratische Partei. Beide sind heute, nach mehr als 100 Jahren, weiterhin wichtige politische Kräfte in Österreich. Damals begann der Kampf um das freie und geheime Wahlrecht. Zwar prangte am Ring das neue Parlamentsgebäude, aber nur jene Bürger, die genug Geld besaßen und Steuer zahlten, waren zur

KAISER FRANZ JOSEPH I. sitzt einsam an seinem Arbeitstisch und schreibt. 68 Jahre lang hat er regiert. 1916, mitten im Ersten Weltkrieg, ist er in seinem Wohnsitz, in Schloss Schönbrunn, gestorben. Drei Tage vorher hat ihn der Maler Franz Matsch für dieses Bild gezeichnet. Der Kaiser hatte geahnt, dass mit ihm auch die Monarchie bald zu Ende gehen wird. Sein persönliches Schicksal in der engsten Familie war von tragischen Ereignissen überschattet: Sein Sohn Rudolf erschoss sich, seine Gemahlin Elisabeth wurde von einem Attentäter ermordet. An der Wand hängt ein Bild der schönen Kaiserin Sisi, wie sie genannt wurde. (Ölgemälde von F. Matsch, um 1916. ⊙ Wien Museum Karlsplatz)

Wahl zugelassen. Die Armen blieben davon ausgeschlossen. Im Jahre 1907 erhielten alle Männer das Wahlrecht zugesprochen; die Frauen durften weiterhin nicht wählen.

Als nach jahrzehntelanger Bauzeit die Ringstraße als eine Triumphstraße des Kaiserhofes, des Adels und des Großbürgertums endlich vollendet wurde, kündigte sich bereits das Ende der österreichisch-ungarischen Monarchie an. In diesem Vielvölkerstaat lebten über 50 Millionen Menschen und die einzelnen Völker forderten verstärkt ihre nationale Selbstständigkeit und Unabhängigkeit.

DAS ENDE DER MONARCHIE

Der Streit der Völker innerhalb Österreich-Ungarns führte zum Ausbruch des Ersten Weltkriegs. Ein serbischer Nationalist ermordete den österreichischen Thronfolger Franz Ferdinand. Daraufhin ließ Kaiser Franz Joseph Soldaten aufmarschieren und erklärte schließlich Serbien den Krieg. Alle dachten, der Krieg würde bald beendet sein. In Wirklichkeit begann ein schreckliches, hasserfülltes und grausames Morden. Im Laufe des Krieges mischten sich alle Großmächte der Erde ein. Zum ersten Mal wurden Unterseeboote und Flugzeuge eingesetzt. Vier Jahre lang, von 1914 bis 1918, tobte der fürchterliche Krieg zu Wasser, zu Lande und in der Luft.

In Wien und in den anderen Städten Österreichs führte Lebensmittelknappheit zu einer katastrophalen Hungersnot. Aus Baumrinden und Ersatzstoffen versuchte man Mahlzeiten zusammenzustellen. Da die Stoffe ausgingen, wurden Kleider aus Papier genäht. Rund zehn Millionen Menschen fielen als Soldaten oder Zivilisten dem Krieg zum Opfer, die doppelte Anzahl war verwundet.

Das Kriegsende war auch das Ende der Monarchie. Kaiser Karl – er war der Nachfolger Franz Josephs – musste abdanken und Österreich-Ungarn zerfiel in sieben Nationalstaaten. Einer davon war nun der Kleinstaat Österreich mit sieben Millionen Einwohnern. 1918 war das große österreichische Schicksalsjahr: In Wien wurde die Republik ausgerufen. Nun durften alle Österreicher, erstmals auch die Frauen, auf demokratischem Weg ihre Volksvertretung in das Parlament wählen.

Der Erste Weltkrieg ist zu Ende. In Wien überstürzen sich die Ereignisse. Am 11. November 1918 tritt Kaiser Karl zurück. Die Länder der Monarchie haben sich in den Tagen zuvor von Österreich losgesagt.

Am 12. November versammeln sich zehntausende Menschen VOR DEM PARLAMENT auf der Ringstraße. Im Parlament selbst tagen die neuen Abgeordneten: „Österreich ist eine Republik".

KLEINE CHRONIK

1850 Die Vorstädte kommen zu Wien.

1857 Der Abbruch der Stadtbefestigungen wird angeordnet. Planung der Ringstraße.

1858 Die Westbahn wird eröffnet.

1862 Katastrophale Donauüberschwemmung.

1865 Eröffnung der Ringstraße, erste Pferdestraßenbahn.

1869 Eröffnung der Oper am Ring.

1873 Erste Hochquellenleitung vollendet.

1873 Weltausstellung.

1875 Die Donauregulierung ist abgeschlossen.

1883 Das neue Rathaus am Ring wird eröffnet.

1890 Eingemeindung der Vororte (11.–19. Bezirk).

1892 1. Maiaufmarsch der Arbeiter im Prater.

1893 Erste elektrische Straßenbeleuchtung.

1897 Erste elektrische Straßenbahnlinie wird in Betrieb genommen.

1910 Zweite Hochquellenleitung wird eröffnet.

1914–1918 Erster Weltkrieg.

VII. AUFBRUCH IN DIE MODERNE DIE GROSSSTADT WIRD GEPLANT

Oft ist die Kunst ihrer Zeit voraus: Die Künstler beschäftigen sich mit Ideen für die Gesellschaft von morgen. In Wien wurden in der Zeit um 1900 Werke geschaffen, deren Wert damals nur wenige Leute schätzten. Heute hingegen sind diese Kunstwerke weltweit anerkannt.

In der Baukunst arbeiteten Architekten an den Plänen für ein modernes, großzügiges Wien mit gesunden Wohnungen und raschen Massenverkehrsmitteln. In der Musik und in der Malerei wurden neue Wege beschritten, die bis in unsere Zeit bahnbrechend wirken und gültig sind. Und in allen Sparten der Kunst herrschte am Beginn des 20. Jahrhunderts eine Aufbruchsstimmung.

Eine neue Gesellschaft war im Werden. Eine Gesellschaft, in der Mann und Frau gleichberechtigt sind und in der die Kinder ohne Benachteiligung gesund und glücklich heranwachsen können. Eine höhere Schulbildung sollte jedem Menschen offen stehen, egal ob reich oder arm, egal ob Bub oder Mädchen.

In der jungen Republik Österreich konnten im Jahr 1919 zum ersten Mal alle Menschen ihre politischen Vertreter wählen. Vorerst fand die Wahl für den Wiener Gemeinderat statt, bei der die Sozialdemokraten siegten. Sie bestimmten in den folgenden Jahren die Politik des „Roten Wien“. Bei der Abstimmung der Österreicher für das Parlament gewannen die Christlichsozialen.

Für die Politiker gab es große Probleme zu lösen, denn der Erste Weltkrieg hatte Not und Elend hinterlassen. Viele Kinder waren unterernährt, viele Erwachsene hatten keine Arbeit. Eine schwere Wirtschaftskrise auf der ganzen Welt zeichnete sich ab. Und in Europa herrschte keine friedliche Stimmung, sondern Unduldsamkeit und Gewalt. Auch Österreich bildete keine Ausnahme.

Diesen goldenen LEBENSBAUM hat GUSTAV KLIMT gezeichnet. Gleich beim Stamm sitzt ein wundersamer Sperber. Der Baum bildet die Mitte eines sieben Meter langen Wandschmuckes, den Gustav Klimt für den Speisesaal eines herrschaftlichen Hauses entworfen hat. Bei der Gestaltung haben Architekten, Maler und Kunsthandwerker gemeinsam ein Gesamtkunstwerk geschaffen. Klimt wollte mit seinem Fries ein „Märchen“ von Lebenssehnsucht und Lebensglück erzählen.
(Ausschnitt der Werkzeichnung für den Mosaikfries des Speisesaales im Palais Stoclet in Brüssel von Gustav Klimt, um 1908/10. ⊙ MAK – Österreichisches Museum für angewandte Kunst)

Der WIENFLUSS verschwindet unter der Erde. Er wird – im Bild in der Gegend des heutigen Naschmarktes – gerade eingewölbt. Rechts ist das Gebäude der Secession, an dem noch gebaut wird, zu erkennen. Die Wienflussregulierung begann im Jahr 1894 und wurde 1898 vollendet. Gleichzeitig wurde auch die Anlage der Stadtbahn, auf der heute die U 4 fährt, errichtet. Damit wurde der Fluss auf eine Länge von zwei Kilometern unsichtbar.

(Foto, um 1898)

OTTO WAGNER UND DIE WIENER STADTBAHN

Der Architekt Otto Wagner wollte ein neues Wien bauen. Mit fantastischen Träumen und konkreten Plänen ging er an die Arbeit. Als größtes Werk gestaltete er die Stadtbahnanlagen mit ihren Stationsgebäuden. Nach nur vierjähriger Bauzeit dampfte 1898 der erste Stadtbahnzug auf der neuen Verkehrsanlage. Die mit Dampflokomotiven ausgestattete neue Stadtbahn war besonders billig, sodass viele Leute das neue Massenverkehrsmittel benutzen konnten. Im Jahre 1924 wurde die Bahn auf elektrischen Betrieb umgestellt. Heute verkehren die U-Bahn-Linien 4 und 6 auf der ehemaligen Stadtbahnstrecke.

Gleichzeitig mit dem Stadtbahnbau wurden der Wienfluss und der Donaukanal reguliert. Bisher war die Wien in einer Aulandschaft dahingeflossen. Doch nicht immer blieb der Wienfluss friedlich. Besonders bei der Schneeschmelze im Frühling konnte er plötzlich zu einem großen, reißenden Fluss anschwellen, der Brücken mitnahm und Häuser überschwemmte.

Otto Wagner verlegte den Wienfluss in ein riesiges Steinbett und verbannte ihn teilweise unter die Erde. So wurden neue Verkehrsflächen und Plätze geschaffen. Auf einem Abschnitt des überbauten Wienflusses entstand der neue Naschmarkt mit seinen Gemüse- und Obstbuden, Blumenstandeln und Fischgeschäften.

Die künstlich gebaute Stadt aus Stein verdrängte also immer mehr die freie, wild gewachsene Natur. Deshalb wollte Otto Wagner die ehemaligen romantischen Flusslandschaften in besonders reizvolle Stadtlandschaften verwandeln. Er baute am Rande des überdeckten Wienflusses auffallend schöne Wohnhäuser und Stationsgebäude für die Stadtbahn in einem neuen, von ihm geprägten Baustil. Einige werden heute noch als U-Bahn-Stationen benützt.

Dieses SONNENBLUMENMUSTER hat Otto Wagner für das Stadtbahn-Geländer entworfen.

Die Bahnanlage selbst versenkte er einmal unter die Erde, dann wieder hob er sie über die Straßenebene empor. Über tief gelegene Straßen spannte er kühne Brücken. Otto Wagner durchformte und durchdachte alles bis in die letzte Kleinigkeit. Für das Geländer neben den Bahnschienen entwarf er ein spezielles Muster, das an Sonnenblumen erinnert. Einzelne Bauwerke der ehemaligen Stadtbahn wie die Station Karlsplatz, der Hofpavillon bei Schönbrunn und die Wientalbrücke der Gürtellinie haben besondere Bedeutung erlangt.

DAS HAUS OHNE AUGENBRAUEN

Nicht alles, was heute berühmt ist, fand auch zur Zeit seiner Entstehung Anerkennung. So wurde vor über 90 Jahren gleich gegenüber der kaiserlichen Hofburg ein modernes Haus errichtet, das einen Sturm der Entrüstung hervorrief. Kaiser Franz Joseph konnte diesen Bau, den viele da-

ADOLF LOOS erbaute im Jahre 1910 das HAUS AUF DEM MICHAELERPLATZ. Es löste wegen seiner schlichten und schmucklosen Fassade einen Skandal aus. (Foto, um 1912)

mals ausgesprochen scheußlich fanden, von seinen Fenstern aus sehen und fand ihn ebenfalls hässlich.

Das neue Haus wies eine schlichte, vollkommen glatte Fassade auf. Kein Giebel und kein Gesims schmückten es. Nur das Geschäftslokal im Erdgeschoss wurde mit grünem Marmor verkleidet. Um die Fenster waren keine Verzierungen, wie es sonst üblich war, angebracht. Die Wiener nannten es daher spöttisch das „Haus ohne Augenbrauen".

Mit diesem Gebäude am Michaelerplatz in der Innenstadt hat der Wiener Architekt Adolf Loos einen wegweisenden Bau der modernen Architektur geschaffen. Alles war bei diesem Haus durchdacht, alles war genau überlegt.

Auch die Innenräume gestaltete Loos nach seinen neuen Grundsätzen. Sie mussten lichtdurchflutet sein und ihre Einrichtung praktisch. Loos studierte, wie die Menschen gehen, liegen, sitzen und stehen. Danach baute er seine Räume und Möbel. Auch mit der Kleidung beschäftigte sich Loos. Denn der Mensch der Zukunft sollte seinen Körper nicht mehr in ein Korsett und in steife Wäsche zwängen, sondern sollte sich frei bewegen können.

DIE KÖNIGIN DES TANZES – GRETE WIESENTHAL (1885–1970)

Die zierliche Tänzerin Grete Wiesenthal bewirkte eine Revolution in der Tanzkunst. Sie war schon als Mädchen mit zehn Jahren in die Ballettschule der Oper eingetreten. Doch die damals übliche Form des Balletttanzes gefiel der jungen Grete Wiesenthal nicht: Damals mussten die Ballettschülerinnen bei einem Tanz ständig mit dem Kopf nicken und bunte Straußenfedern in ihren Frisuren tragen. Außerdem durften die Tänzerinnen nur mit einem rosafarbenen Trikot auftreten.
Nach einem Streit mit dem Ballettmeister warf sie ihre Ballettschuhe weg und verließ die Oper. Das war im Jahr 1907 und Grete Wiesenthal war 22 Jahre alt. Sie träumte von einem neuen, freien Tanz. Dafür entwarf sie eigene Schuhe, die „Wiesenthal-Sandale".
Sie erfand eine neue Technik, mit der sie scheinbar schwerelos fliegend umherwirbelte. Gemeinsam mit ihren Schwestern führte sie die neuen Tänze vor. Sie tanzte den Wind und das Wasser und das Publikum war begeistert.
In Amerika wurde sie als „Königin des Tanzes" gefeiert. In Wien unterrichtete sie auch junge Leute in der von ihr entwickelten Schwebe- und Drehtechnik. Am liebsten tanzte Grete Wiesenthal zu den Walzern von Johann Strauß.

ANTON WILDGANS

Der Schriftsteller Anton Wildgans erinnert sich in diesem Gedicht an seine Kindheit in Wien. Er wurde 1881 geboren – damals wurde noch an der Ringstraße gebaut – und erlebte das rasche Anwachsen Wiens zur Großstadt, zur Millionenstadt. Diese Stimmung hat er in Versen eingefangen. Anton Wildgans schrieb nicht nur Gedichte über Wien, sondern auch Romane und Theaterstücke. Er stand zweimal dem Burgtheater als Direktor vor. 1932 ist er in Mödling gestorben.

ICH BIN EIN KIND DER STADT

Ich bin ein Kind der Stadt. Die Leute meinen,
und spotten leichthin über unsereinen,
dass solch ein Stadtkind keine Heimat hat.
In meine Spiele rauschten freilich keine
Wälder. Da schütterten die Pflastersteine.
Und bist mir doch ein Lied, du liebe Stadt!

Und immer noch, so oft ich dich für lange
verlassen habe, ward mir seltsam bange,
als könnt' es ein besondrer Abschied sein;
und jedes Mal, heimkehrend von der Reise,
im Zug mich nähernd, überläuft's mich leise,
seh' ich im Dämmer deine Lichterreihn.

Und oft im Frühling, wenn ich einsam gehe,
lockt es mich heimlich – raunend in die Nähe
der Vorstadt, wo noch meine Schule steht.
Da kann es sein, dass eine Straßenkrümmung,
die noch wie damals ist, geweihte Stimmung
in mir erblühen macht wie ein Gebet.

Da ist der Laden, wo ich Heft und Feder,
den ersten Zirkel und das erste Leder
und all die neuen Bücher eingekauft,
die Kirche da, wo ich zum ersten Male
zur Beichte ging, zum heiligen Abendmahle,
und dort der Park, in dem ich viel gerauft.

Dann lenk' ich aus den trauten Dunkelheiten
der alten Vorstadt wieder in die breiten
Gassen, wo all die lauten Lichter glühn,
und bin in dem Gedröhne und Geschrille
nur eine kleine ausgesparte Stille,
in welcher alle deine Gärten blühn.

Und bin der flutend-namenlosen Menge,
die deine Straßen anfüllt mit Gedränge,
ein Pünktchen nur, um welches du nicht weißt;
und hab' in deinem heimatlichen Kreise,
gleich einem fremden Gaste auf der Reise,
kein Stückchen Erde, das mein eigen heißt.

DER MODERNE MASSENSPORT

Ein weiterer Umschwung vollzog sich: Bis in die Zeit des Ersten Weltkriegs trugen die Frauen Hüte und lange Röcke und es galt als höchst unmoralisch, auch nur ein Knie sehen zu lassen. Die Männer waren ebenfalls nur mit Kopfbedeckung komplett gekleidet. Nun änderte ein völlig neues Körperbewusstsein auch die Mode. Bewegung, Luft und Sonne erkannte man als wertvoll für die Gesundheit. Turnen und Sport nahmen einen großen Aufschwung.

Radfahren, Fußball, Tennis und im Winter Skifahren setzten sich als neue Sportarten durch. Sommerbäder wurden gebaut. Viele Wiener gingen gerne in den Donaukanal an „der schrägn Wies'n" und in die Donau schwimmen. Mit der Zeit verschwanden die unförmigen Badeanzüge, mit denen schamhaft der Körper verhüllt wurde, und in der Lobau wurde zum ersten Mal nackt gebadet. Die Anhänger der Nacktbadekultur nannten sich selbst Lobau-Indianer.

Zum Volkssport Nummer eins entwickelte sich aber der Fußball, der aus England kam. Englische Gärtner gründeten 1894 den „First Vienna Football-Club", die heutige „Vienna". Weitere Vereine mit Wiener Fußballbegeisterten folgten. Auf allen Plätzen, Straßen und Wiesen spielten die Buben mit dem „Fetzenlaberl", oft bloßfüßig, da sie keine Schuhe besaßen. Dabei wurde die „Wiener Schule" des Fußballs geboren, wo mit Witz und Technik gespielt wurde, ohne sich besonders anzustrengen.

Das ÖSTERREICHISCHE FUSSBALLTEAM galt in den Jahren 1931 bis 1934 als unschlagbar und ging in die Fußballgeschichte als „Wunderteam" ein. Hinter dem Verbandskapitän Hugo Meisl (mit Hut und Mantel) läuft die „Sturmspitze" Mathias Sindelar. Der Torhüter Rudi Hiden hält den Ball fest in der Hand. Schottland wurde 5:0 besiegt, Deutschland 6:0 und 5:0, die Schweiz 2:0 und 8:1, Italien wurde 2:1, Ungarn 8:2 und Frankreich 4:0 geschlagen.

(Ölgemälde von Paul Meissner, um 1933)

WOHNUNGEN FÜR ALLE

Ein ernstes Problem bildete die Wohnungsnot. Zwar waren während der Ringstraßenzeit herrliche Paläste in der Innenstadt entstanden, aber der größte Teil der Bevölkerung hauste in den trostlosen, überfüllten kleinen Wohnungen der so genannten „Zinskasernen".

Diese Wohnungen bestanden meist aus einer Küche, deren Fenster zum Gang hinausging, und einem Zimmer. Am Gang befand sich das gemeinsame Klosett für alle Bewohner eines Stockwerkes und die einzige Wasserstelle: eine Bassena. Die Miete dieser Wohnungen war aber sehr teuer. Ein Gesetz, das die Mietpreise regelte, kannte man damals nicht. Das nutzten viele Hausbesitzer aus.

In dieser ARBEITERWOHNUNG ist nur das Notwendigste zum Leben vorhanden. Die Familie kocht auf einem gemauerten Herd, der gleichzeitig im Winter als Ofen dient.
(Foto, um 1920)

Damit eine Familie die Miete überhaupt zahlen konnte, vermietete sie manchmal ein Bett an eine fremde Person. Diese zusätzlichen Bewohner wurden „Bettgeher" genannt. Sie kamen nur zum Schlafen, sonst hatten sie kein Zuhause. Auf Zimmer und Küche lebten zur Ringstraßenzeit durchschnittlich sechs bis zehn Personen, wobei oft mehrere Personen in einem Bett schliefen. Enge Lichthöfe ließen keinen Sonnenstrahl eindringen. Tausende solcher Wohnungen waren gebaut worden, um am Mietzins zu verdienen; die Menschen hatte man dabei vergessen.

Nach dem Ersten Weltkrieg verstärkte sich das Wohnungselend noch mehr. Es gab zu wenig Wohnungen, die Mieten waren für viele unerschwinglich geworden. Aus dieser enormen Not konnte nur eine besondere Idee helfen: Die sozialdemokratischen Politiker beschlossen in Wien ein Wohnbauprogramm, bei dem nicht eine Privatperson, sondern die Stadtgemeinde selbst der „Hausherr" war. So wurden aus Steuermitteln große Wohnhausanlagen errichtet. Diese Wohnungen, von denen jede einzelne mit Wasser und Klosett ausgestattet war, hatten einen niedrigen Mietzins und wurden an bedürftige Familien vergeben.

In etwas mehr als zehn Jahren errichtete die Gemeinde Wien ungefähr 63.000 Wohnungen. Sie waren hell, luftig und freundlich. Große Gartenhöfe standen den Bewohnern zur Verfügung und die Kinder hatten somit Spielplätze und blieben gesund. Diese Bautätigkeit erregte in der ganzen Welt Bewunderung.

Der größte Gemeindebau jener Zeit entstand in Ottakring, im 16. Bezirk, am Rande der Stadt. Dort war genügend Platz für die großzügige Anlage „Sandleiten". An den Hängen des Wienerwaldes entstanden 1.576 Wohnungen, in denen rund 5.000 bis 6.000 Menschen eine neue Heimstatt fanden. Es war eine „Stadt in der Stadt", denn zu der Anlage gehörten eigene Geschäftslokale, Werkstätten, ein Postamt und eine Apotheke. Alles, was ein Mensch zum Leben braucht, konnte er ohne viel Mühe erreichen.

Auch Geselligkeit und Bildung kamen nicht zu kurz. Gast- und Kaffeehäuser, ein Theater- und Kinosaal, eine eigene Bibliothek, mehrere Kinderhorte und ein wunderbarer Kindergarten mit einem riesigen Planschbecken standen zur Verfügung. In gemeinsamen Waschküchen und Baderäumen wurde den Bewohnern der Alltag erleichtert. Es sollte innerhalb einer Wohnanlage ein neues Gemeinschaftsgefühl entstehen.

Trotz des großen Bauvorhabens reichten die modernen Wohnungen nicht für alle; der größere Teil der Bevölkerung musste weiterhin in den Zinskasernen bleiben. Arbeitslose besaßen oft überhaupt keine Wohnung, sondern bastelten sich selbst irgendwo einen Unterschlupf.

Im Jahre 1933 änderten sich die politischen Verhältnisse in Wien und das Wohnbauprogramm der Sozialdemokraten war zu Ende.

▲ *In der Wohnhausanlage SANDLEITENHOF ist ein Planschbecken für Kinder eingerichtet.*

◀ *Der RABENHOF wurde im 3. Bezirk an der Stelle von winzigen Häuschen angelegt. (Fotos, um 1930)*

ZWISCHEN DEN BEIDEN WELTKRIEGEN

Zwei Parteien, die vollkommen verschiedene Ansichten vertraten, standen sich damals gegenüber: die sozialdemokratische Bewegung, die im „Roten Wien“ die Mehrheit besaß, und die Christlichsoziale Partei, die in der katholischen Kirche verankert war. Beide Parteien unterhielten eigene bewaffnete Truppen.

In der wirtschaftlich schweren Zeit wuchsen die Spannungen. Das Geld wurde immer weniger wert. Im Jahr 1922 kostete 1 Kilogramm Schweinefleisch bereits 40.000 Kronen, ein Jahr zuvor hatte es 1.100 Kronen gekostet. Am 1. Jänner 1925 wurde eine neue Währung eingeführt: der Schilling. Doch die vielen Arbeitslosen, die nur kurze Zeit eine staatliche Unterstützung erhielten, hatten kein Einkommen und waren bitterarm.

Der SCHILLING wird eingeführt; vorher bezahlten die Österreicher mit Kronen. Doch die Krone war nichts mehr wert. Beim Umtausch bekam man für 10.000 Papierkronen nur einen Schilling.

In Wien löste sich nach einem Streit der beiden Großparteien 1933 der Nationalrat auf und Bundeskanzler Engelbert Dollfuß, der den Christlichsozialen angehörte, berief keinen neuen ein. Damit hatte die junge Republik kein Parlament mehr.

Die Feindschaft zwischen den Parteien wuchs, und ein Jahr später, 1934, brach ein Bürgerkrieg aus. In Wien wurde geschossen, es gab zahlreiche Tote. Die Sozialdemokraten verschanzten sich in den Gemeindebauten, doch sie unterlagen. Ihre Partei und ihre Vereine wurden aufgelöst. Wenig später unternahmen die österreichischen Nationalsozialisten einen Putschversuch und ermordeten Bundeskanzler Dollfuß.

Während des Bürgerkrieges im Februar 1934 war auch der KARL-MARX-HOF in der Heiligenstädter Straße umkämpft.

1938 marschierten deutsche Truppen in Wien ein. Das Deutsche Reich wurde von den Nationalsozialisten und ihrem Parteiführer Adolf Hitler beherrscht, der Österreich seinem Reich anschloss. Alle politischen Vereine wurden aufgelöst. Die jüdische Bevölkerung, die nicht aus Wien flüchten konnte, wurde in Konzentrationslager verschleppt. Dort kamen die Menschen auf fürchterliche Weise ums Leben. 1939, nur 21 Jahre nach dem Ende des Ersten Weltkrieges, brach der totale Krieg aus, der Zweite Weltkrieg.

Dieser Krieg brachte wieder unendliches Leid über die Bevölkerung. Alle jungen Männer mussten an den Kriegsfronten kämpfen, ein großer Teil der Soldaten kehrte nicht mehr zurück. Österreicher, die einen eigenen, selbstständigen Staat wollten, gingen in den Untergrund und leisteten Widerstand gegen die Herrschaft der Nationalsozialisten. Viele von ihnen bezahlten ihr mutiges Eintreten für Österreich mit dem Leben. Während des Zweiten Weltkrieges wurde Wien bei Luftangriffen bombardiert und schwer beschädigt. Im April 1945 begann die Schlacht um Wien. In diesen letzten Kriegstagen blieben auch die Wahrzeichen von

Wien, wie der Stephansdom, die Oper und das Riesenrad, nicht verschont. Funkenflug entzündete den hölzernen Dachstuhl des Stephansdoms. Das riesige Dach stürzte ein. Die Pummerin fiel herab und zerschellte. Die große Hitze des Brandes vernichtete wunderbare, jahrhundertalte Kunstwerke. Hilflosigkeit und Entsetzen verbreiteten sich in der Stadt.

Die deutschen Truppen sprengten bei ihrem Rückzug Brücken über den Donaukanal und die Donau. Vom Süden her erkämpfte sich die sowjetische Armee den Einzug nach Wien. Für die Stadt war der Krieg zu Ende. Der sowjetische Kommandant genehmigte die neue Stadtregierung.

April 1945: Der DACHSTUHL DES STEPHANSDOMS steht in Flammen.

KLEINE CHRONIK

1918 Ende des Ersten Weltkriegs. Österreich wird Republik.

1919 Erstmals freie Wahlen für Männer und Frauen.

1922 Wien wird von Niederösterreich getrennt und bildet ein eigenes Bundesland.

1924 Erste Radiosendung.

1927 Nach einem offensichtlichen Fehlurteil setzen aufgebrachte Arbeiter den Justizpalast in Brand. Bei den Zusammenstößen mit der Polizei kommen 89 Menschen ums Leben.

1930 Eröffnung der Gemeindewohnanlage Karl-Marx-Hof.

1932 Erstes Hochhaus in Wien, Herrengasse 4–6.

1933 Beginn des „autoritären Regimes“ in Österreich, das Parlament ist ausgeschaltet.

1934 Bürgerkrieg und Verbot der Sozialdemokratischen Partei. Dollfuß wird von den Nationalsozialisten ermordet.

1938 Anschluss Österreichs an Deutschland.

1939 Beginn des Zweiten Weltkriegs.

1945 In den letzten Kriegswochen wird Wien schwer bombardiert.

Die Wiener Innenstadt ist zu einem besonderen Ort der Begegnung geworden: Die FUSSGÄNGERZONE IN DER KÄRNTNER STRASSE bildet eine Lebensader in der Stadt, in der man spazieren gehen und Bekannte treffen kann. 1974 wurde der Verkehr aus der Kärntner Straße verbannt, dafür wurden auf der ehemaligen Fahrbahn Bäume eingepflanzt und Bänke aufgestellt. Aus der Trümmerstadt des Zweiten Weltkrieges hat sich wieder eine lebenswerte Stadt entwickelt.

VIII. DAS LEBEN HEUTE IN DER STADT WIEN ALS SITZ DER UNO

Nach dem Ende des Zweiten Weltkrieges lag Wien in Trümmern. Sieben Jahre hatte Österreich als eigenständiger Staat nicht bestanden. 1945 bedeutete für Österreich das Jahr des Neubeginns: Aus dem Chaos erstand die Republik Österreich wieder. Eine neue österreichische Regierung und eine neue Wiener Stadtverwaltung wurden gebildet. Nach einem Wettbewerb erhielt Österreich die neue Bundeshymne „Land der Berge, Land am Strome“.

Das Leben in der zerstörten Stadt Wien war unvorstellbar hart. Die Parkanlagen dienten als Friedhöfe. Viele Wohnungen waren zerbombt. Die Versorgung mit Strom, Gas und Wasser war durch die Luftangriffe zusammengebrochen. Die Straßenbahnen verkehrten nicht. Es gab fast nichts zu essen und in den Ruinen suchten hungernde Menschen nach Lebensmittelresten. Krankheiten brachen aus.

Doch das Leben ging weiter. Alle Kräfte bemühten sich, wieder Ordnung in die Stadt zu bringen. Zunächst mussten die Straßen von Schutt und Trümmern gereinigt werden, wobei vor allem die Frauen die Hauptlast trugen. Der Wiederaufbau begann.

Auch das Ausland war hilfsbereit: Viele Länder schickten Lebensmittelpakete und Kleider nach Wien. Damit wurde die größte Not gelindert und viele Kinder konnten vor dem Verhungern gerettet werden. Damals bedeutete bereits ein Stück Brot ein wertvolles Geschenk.

Auch die Kunst half den Menschen, wieder Mut zu fassen. Obwohl das Burgtheater und die Staatsoper stark beschädigt waren, probten und spielten die Künstler oft unter schwierigsten Bedingungen und brachten auf Ersatzbühnen herrliche Aufführungen zu Stande.

Doch Wien war nicht frei, sondern in Zonen eingeteilt und von vier Mächten besetzt: den Russen, Amerikanern, Engländern und Franzosen. Gemeinsam kontrollierten sie Wien, in einem Streifenfahrzeug saß je ein Vertreter der Besatzungsmächte. Die Wiener nannten diese Soldaten „die Vier im Jeep". In einem mühsamen Weg war Österreichs Politik auf die Erlangung der Freiheit und Unabhängigkeit ausgerichtet.

DIE JAHRE NACH 1945: Schrecklich waren die Folgen des Zweiten Weltkrieges. Doch das Leben ging trotz Elend und Chaos weiter. Tausende Männer befanden sich noch in Kriegsgefangenschaft, und so räumten vor allem die Frauen die Schuttmassen der durch Bomben zerstörten Gebäude weg. Es gab wenig Lebensmittel. Um den ärgsten Hunger zu lindern, erhielten die Kinder bis in das Jahr 1950 in der Schule etwas Warmes zu essen. Zehn Jahre lang wurde Wien durch Besatzungsmächte kontrolliert. In einem Jeep saß je ein Soldat aus den USA, England, Frankreich und der Sowjetunion. (Fotos, um 1945)

Am 15. Mai 1955 erhielt Österreich durch den STAATSVERTRAG seine Freiheit wieder. Nach der Unterzeichnung im Schloss Belvedere zeigte Österreichs Außenminister Leopold Figl den Vertrag der jubelnden Menge. Am Balkon standen (von links) Außenminister Dulles (USA), Außenminister Pinay (Frankreich), Außenminister Figl, Österreichs Vizekanzler Schärf, Außenminister Molotow (Sowjetunion) und Bundeskanzler Raab. (Foto, 1955)

DER STAATSVERTRAG IM JAHR 1955

Der erste Bundespräsident der neuen Republik, Dr. Karl Renner, setzte sich von Beginn an für einen Staatsvertrag ein, doch er hatte noch keinen Erfolg.

Die großen politischen Parteien, die sich noch vor dem Krieg bekämpft hatten, arbeiteten nun gemeinsam am Wiederaufbau: die Sozialdemokratische Partei und die Volkspartei (früher Christlichsoziale Partei). Zähe und geschickte Verhandlungen der Politiker erfüllten schließlich die Hoffnungen der Österreicher: Am 15. Mai 1955 unterzeichneten im Marmorsaal des Schlosses Belvedere die Außenminister der Sowjetunion, der Vereinigten Staaten von Amerika, Frankreichs, Englands und Österreichs den Staatsvertrag. Außenminister Leopold Figl zeigte anschließend den jubelnden Menschen vom Balkon des Schlosses den Vertrag und sprach die Worte: „Österreich ist frei!“

Die Besatzungszeit endete, der letzte fremde Soldat verließ Österreich am 19. September. Am 26. Oktober 1955 beschloss der Nationalrat die immerwährende Neutralität. Diesen Tag feiern die Österreicher heute als ihren Nationalfeiertag.

DIE „GOLDENEN FÜNFZIGER JAHRE“

Am 26. Mai 1951 eröffnete der Bundespräsident die ersten Wiener Festwochen nach dem Krieg. Seit damals verwandelt sich Wien jedes Jahr im Frühling in eine große Festspielbühne.

Das Staatsvertragsjahr 1955 war in jeder Hinsicht bedeutsam für Österreich und seine Hauptstadt: In Wien wurden das Burgtheater und die Staatsoper wieder eröffnet, die Lipizzaner kehrten in die Stallungen der Hofburg zurück und zum ersten Mal wurde eine österreichische Fernsehsendung ausgestrahlt. Das Fernsehzeitalter nahm seinen Lauf. Am Ende dieses Jahres nahmen die Vereinten Nationen – die UNO – das neutrale Österreich als Mitglied auf.

Nach den schlechten Zeiten legten jetzt die Menschen besonderen Wert auf Essen und Wohlstand. Doch die Jugend hatte andere Ideale. Eine neue Mode kam auf, die für uns heute selbstverständlich ist: die Jeans. Wild wurde Rock'n'Roll getanzt.

Der Flughafen Wien-Schwechat entstand als ein neues Tor zur Welt. Wien bekam eine riesige Stadthalle im 15. Bezirk und ein neues Gebäude für das Wien Museum am Karlsplatz. Am Rande der Stadt wuchsen Wohnsiedlungen, die so genannten Satellitenstädte, aus dem Boden.

Im Jahr 1962 erlosch in Wien die letzte Gaslaterne und damit ein Sinnbild für die alte Zeit. Zum Symbol der neuen Zeit wurde die UNO-City an der Donau im 22. Bezirk. 1979 stieg Wien neben New York und Genf zur dritten UNO-Metropole auf.

Die Stadthalle wurde vom Stadtplaner Roland Rainer gebaut und 1958 eröffnet.

Mit einer festlichen Beleuchtung des RATHAUSES wurden im Mai 1951 die ersten WIENER FESTWOCHEN nach dem Krieg eröffnet. Seither findet jedes Jahr im Frühling dieses Festival mit interessanten Gastspielen aus der ganzen Welt und eigenen Kindertheaterwochen statt. Die Kunst der Gegenwart steht dabei besonders im Mittelpunkt.
(Foto, um 1970)

Der TESTWAGGON der U-BAHN wird im Jahr 1973 in die Baugrube am Karlsplatz hinabgelassen. Fünf Jahre später fand die Eröffnung der U-Bahnstrecke zwischen Karlsplatz und Reumannplatz statt. Hunderttausende begeisterte Wiener stürmten die „Silberpfeile", um an den ersten Fahrten teilzunehmen. (Foto, 1973)

DER „MAULWURF VON WIEN" UND DIE U-BAHN

Als es den Amerikanern im Jahr 1969 zum ersten Mal gelang auf dem Mond zu landen, verwandelte sich der Karlsplatz in Wien zu einem riesigen Maulwurfshügel: Die Arbeiten an der U-Bahn hatten begonnen. Für die unterirdischen Tunnels wurde eine eigene 355 Tonnen schwere Maschine entwickelt, die auch „Wiener Maulwurf" genannt wird. Seither hat sie viele Kilometer für die U-Bahn gebohrt. Besonders schwierig zu bauen war die Station Stephansplatz, da jede Erschütterung dem Stephansdom hätte schaden können.

Der „Maulwurf" brachte auch einige alte Zeugnisse der Wiener Geschichte, die bisher tief in der Erde ruhten, ans Tageslicht. Ein ganz besonderer Fund war die Virgilkapelle am Stephansplatz. Bei den Arbeiten für die U 3 wiederum gruben die Archäologen ein Stück der ganz alten Stadtmauer aus dem 12. Jahrhundert aus, die in der Gestaltung der U-Bahn-Station „Stubentor" zu sehen ist.

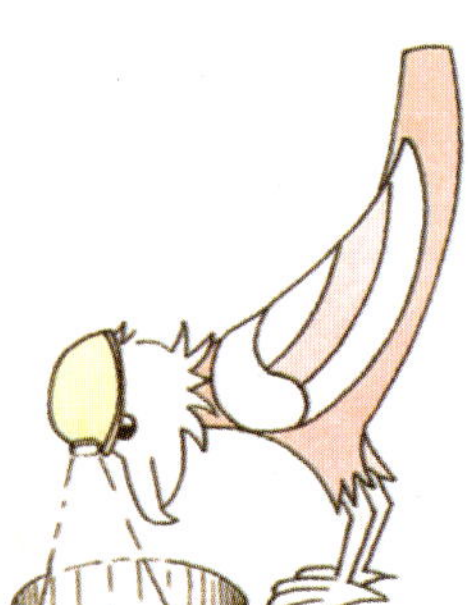

Aber es gibt nicht nur in den Stationen Altes und Neues zu entdecken, die Silberpfeile bringen die Fahrgäste auch blitzschnell an ihr gewünschtes Ziel. 1989 ist der erste Triebwagen der U-Bahn bereits eine Million Kilometer gefahren, das ist fast die gleiche Strecke wie dreimal eine Reise zum Mond.

MENSCHEN-PARADIESE MITTEN IN DER STADT

In den letzten Jahrzehnten haben die Autos von der Stadt Besitz ergriffen. Während im Jahr 1950 in Österreich noch auf 139 Personen ein Auto kam, besaß 2002 jeder zweite Österreicher ein Auto. Für die Fußgänger blieb immer weniger Raum.

Die Stadtplanung nimmt jetzt wieder mehr Rücksicht auf den Menschen und nicht nur auf den Verkehr. In neuen Fußgängerzonen kann man ungehindert ohne Autoabgase und Straßenlärm spazieren. Bänke und Bäume laden zum Verweilen ein. Es sind bunte und fröhliche „Paradiese“ für die Städter entstanden. Die bekanntesten Fußgängerzonen sind der Bereich Kärntner Straße/Graben in der Innenstadt und die Favoritenstraße im 10. Bezirk. Die Fußgängerzonen wurden meistens in Zusammenhang mit dem Bau der U-Bahn angelegt, sodass man sie zum Besichtigen bequem erreichen kann.

Ein Paradies für die Freizeit ist die Donauinsel geworden, die 1981 fertig gestellt wurde. Da die Stadtviertel entlang der Donau immer wieder überschwemmt wurden, planten die Stadtpolitiker einen ganz sicheren Hochwasserschutz: Neben dem Hauptstrom der Donau entstand die „Neue Donau“, die bei Überschwemmungen die zusätzlichen Wassermassen aufnehmen kann. Dazwischen liegt eine 21 Kilometer lange schmale Insel mit einem herrlichen Strand, der zum Schwimmen, Surfen, Segeln, Rudern, Tauchen und Wasserschifahren einlädt. Im Sommer bevölkern tausende Badegäste die Donauinsel, an manchen Teilen darf man auch splitternackt baden. Auch zum Laufen, Skaten und Radfahren bietet die Donauinsel ideale Möglichkeiten.

Beim Bau der Donauinsel waren die Wiener vorerst noch skeptisch gewesen, heute ist sie ihnen vertraut geworden und sie möchten nicht mehr auf sie verzichten. Denn auf der Donauinsel ist alles nah und fern zugleich: Das alte Zentrum von Wien mit seinem eiligen und geschäftigen Treiben liegt nicht so weit, doch die Geräusche der Stadt verklingen hier. Ruhig und breit strömt der Donaufluss vorbei wie seit ewigen Zeiten. An seinen Ufern, vor allem an der „Neuen Donau“, ragen aber die Hochbauten als Wahrzeichen des modernen Wiens wie die der UNO-City und der neuen Donau-City sowie der Millennium-City empor. Die Donau ist die einzige große Wasserstraße in Europa vom Westen in den Osten, sie verbindet viele Länder und Völker. Wien, die Stadt an der Donau in der Mitte Europas, hat eine große Aufgabe: Brücken zu bauen für ein friedliches und gutes Zusammenleben aller Menschen in der Zukunft.

KLEINE CHRONIK

1945 Am 27. April Wiederherstellung der Republik Österreich.

1955 Am 15. Mai wird im Schloss Belvedere der Staatsvertrag unterzeichnet. Österreich erhält wieder seine vollständige Selbstständigkeit und wird zur immerwährenden Neutralität verpflichtet. Der Wiederaufbau beginnt.

1956 Nach dem Aufstand in Ungarn kommen 155.000 Flüchtlinge nach Österreich.

1967 Wien wird Amtssitz der UNIDO.

1971 Baubeginn der Donauinsel.

1978 Eröffnung der U-Bahn.

1979 Die UNO-City an der Donau wird eröffnet.

1994 Am 12. Juni stimmen 66 Prozent der Österreicher für den Beitritt zur Europäischen Union (EU).

1995 Ab 1. Jänner ist Österreich Mitglied der EU.

2001 Ab 1. Jänner gelten Euro und Cent als neue Währung in Österreich.

RUNDGÄNGE

DIE 23 WIENER GEMEINDEBEZIRKE

Das alte Wien war ungefähr so groß wie der heutige erste Bezirk. Um 1850 beschloss man, die außerhalb der Stadtbefestigung liegenden 34 Vorstädte mit Wien zu vereinigen. Wenige Jahre später wurde die Stadtmauer demoliert. Die Stadt besaß nun neun Bezirke und reichte bis zum Linienwall, an dessen Stelle sich heute die Gürtelstraße befindet. Wien wurde in die Bezirke 1 bis 9 geteilt. 1874 wurde der 10. Bezirk, Favoriten, gebildet, der bereits außerhalb des Linienwalls lag.

Auch die anderen Vororte außerhalb des Linienwalls wurden immer größer und wuchsen an die Stadt heran. So beschloss 1890 der Gemeinderat die zweite Stadterweiterung: Die Vororte wurden eingemeindet und bildeten die Bezirke 11 bis 19. Im Jahr 1900 wurde der 2. Bezirk geteilt und die Brigittenau zum 20. Bezirk. 1905 dehnte sich die Stadt über die Donau aus, der 21. Bezirk (damals noch mit Kagran) entstand.

Die letzte Stadterweiterung vollzog sich 1938: Es wurden weitere Ortschaften an Wien angeschlossen, unter anderen Stammersdorf im Norden, Eßling im Osten, Laa, Erlaa, Atzgersdorf, Liesing, Mauer und Kalksburg im Süden sowie Hadersdorf im Westen.

1.	I	Innere Stadt
2.	II	Leopoldstadt
3.	III	Landstraße
4.	IV	Wieden
5.	V	Margareten
6.	VI	Mariahilf
7.	VII	Neubau
8.	VIII	Josefstadt
9.	IX	Alsergrund
10.	X	Favoriten
11.	XI	Simmering
12.	XII	Meidling
13.	XIII	Hietzing
14.	XIV	Penzing
15.	XV	Rudolfsheim-Fünfhaus
16.	XVI	Ottakring
17.	XVII	Hernals
18.	XVIII	Währing
19.	XIX	Döbling
20.	XX	Brigittenau
21.	XXI	Floridsdorf
22.	XXII	Donaustadt
23.	XXIII	Liesing

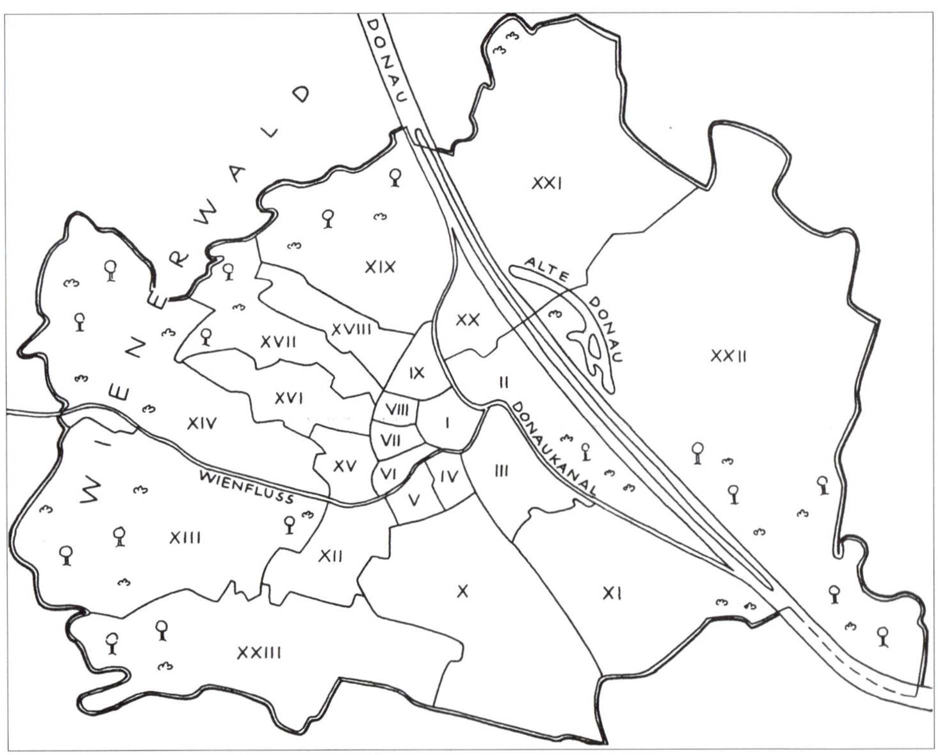

1. RUNDGANG: DAS RÖMISCHE WIEN

Ausgangspunkt: Wien 1, Stephansplatz
Verkehrsmittel: U 1, U 3, Autobuslinien 1A, 2A und 3A

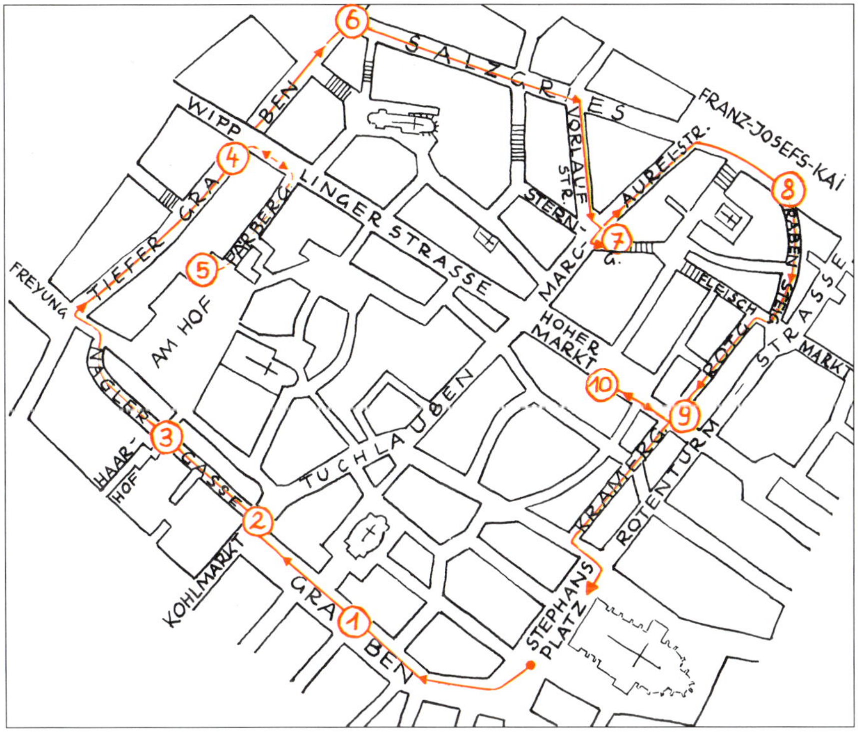

Die Biegung der Naglergasse folgt dem Verlauf der römischen Lagermauern.

Du kannst die ehemalige, ungefähr 2.000 Meter lange römische Lagermauer leicht abgehen – längst sind die Flüsse, die einmal einen natürlichen Schutz bildeten, in unterirdische Kanäle verbannt.

Wo fangen wir an? Unser Stadtadler LIXL schlägt als Treffpunkt den Stephansplatz vor. Dort sind manchmal in der U-Bahn-Station Steine aus der Römerzeit ausgestellt.

Du gehst von der U-Bahn-Station in die Fußgängerzone Graben. Hier bauten im Jahr 100 n. Chr. die römischen Legionäre eifrig an der Lagermauer und legten Gräben an. An der Stelle der Pestsäule entsprang damals ein Bach (**1**). An der Straßenkreuzung des Grabens mit der Tuchlauben war das mächtige Südtor des Lagers (**2**). Im Wien Museum am Karlsplatz findest du mehr davon.

Du folgst, vom Graben kommend, der Naglergasse. Ihr gekrümmter Verlauf geht direkt auf die abgerundete Ecke des Legionslagers zurück. Die

Die Hohe Brücke über dem Tiefen Graben.

Römischer Riesenquader in der Sterngasse.

Häuser auf der rechten (nördlichen) Gassenseite stehen heute noch auf der römischen Lagermauer, die unter dem Gehsteig erhalten ist. Sie ist hier zwei Meter stark. Bei der Kreuzung zum Haarhof kannst du noch das Gefälle des innersten Lagergrabens entdecken (**3**). Im Keller des Hauses Naglergasse Nr. 26 befindet sich das Fundament eines Eckturms.

Du kommst nun zum Heidenschuß und von dort in den Tiefen Graben, der ursprünglich ein Bachbett war. Wo heute die Hohe Brücke die tief gelegene Straße überspannt, führte die Straße aus dem westlichen Tor des Lagers Vindobona über den Festungsgraben (**4**).

Einen Abstecher sollten alle unternehmen, die an Vindobona besonders interessiert sind und noch mehr wissen wollen. Du steigst auf die Hohe Brücke, biegst in die Wipplingerstraße und kommst über das Färbergässchen zum Platz Am Hof. Bei der Nr. 9 gibt es unter der Erdoberfläche römische Baureste zu sehen (**5**). Achtung: Besichtigung nur am Wochenende möglich! Zurück im Tiefen Graben umrundest du eine Lagerecke (**6**) und biegst in den Salzgries ein. Sein Name verrät, dass hier ein Fluss war: Das Wort „Gries" kommt von „grize", das hieß früher so viel wie „Schotter" (Flussschotter).

Du biegst bei der Ampel in die Vorlaufstraße, gehst dann aber an der linken Seite der Vorlaufstraße bis zur Sterngasse. Dort führt eine Stiege zum Ruprechtsplatz und vor dem Stiegenaufgang kannst du römische Riesenquader bestaunen (**7**). Sie stammen von der Badeanlage, die sich einmal an dieser Stelle befunden hat.

Wir waren jetzt ein Stück im Inneren des Lagers und kehren über die Marc-Aurel-Straße zur ehemaligen Mauer, also zur Ecke Salzgries/Morzinplatz, zurück. Wer das Lagerviereck ganz genau abgehen will, muss weiter zum Rabensteig (**8**), dann den Fleischmarkt überqueren und die Rotgasse finden. Damit ist das ehemalige Nordosteck des Lagers erreicht. An der Kreuzung Rotgasse/Lichtensteig ist an dem Eckhaus (in der Höhe des 1. Stockes) ein Mosaik angebracht, das den römischen Lagereingang nach Osten zeigt (**9**). Dieses Tor hat sich tatsächlich ein Stück weiter bei der Ertlgasse befunden.

Noch einmal verlässt du die ehemaligen Grenzen des römischen Lagers und biegst zum ältesten Platz von Wien, zum Hohen Markt, ein. In diesem Bereich befanden sich der Palast des Lagerkommandanten und die Häuser seiner Offiziere. Davon kannst du interessante Ruinen – natürlich unter der Erde – besichtigen. Bei Hausnummer 3 ist der Abgang (**10**).

Über die Kramergasse kommst du zum Ausgangspunkt unserer Reise in die römische Vergangenheit, zum Stephansplatz, zurück.

2. RUNDGANG: MITTELALTER

Ausgangspunkt: Wien 1, Stephansplatz

Verkehrsmittel: U 1, U 3, Autobuslinien 1A, 2A und 3A

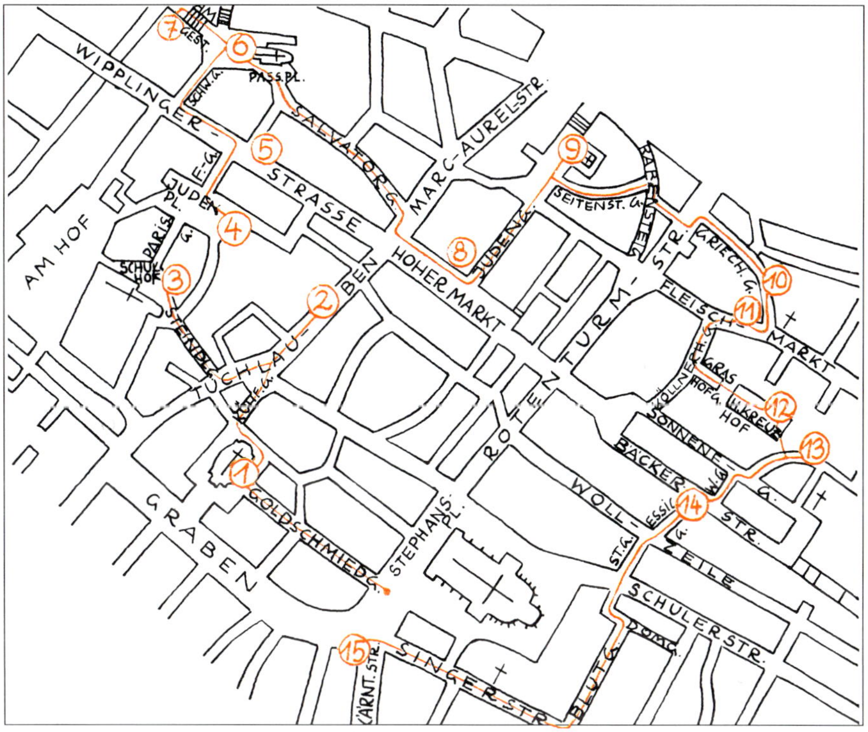

Mittelalterliche Tongefäße: Krug, Pfanne, Aquamanile (Behälter, beim Kopf wurde die Flüssigkeit eingefüllt), Dreifuß-Schüssel. Die Gefäße sind 500 bis 700 Jahre alt.

In der U-Bahn-Station, noch unter der Erde, beginnt die Reise in die Vergangenheit: Die Virgilkapelle lockt geheimnisvoll in die Tiefe und kann besichtigt werden. Im angeschlossenen Museum sind Geschirr, Gefäße und sogar Kinderspielzeug aus dem Mittelalter ausgestellt.

Doch nach der unterirdischen Besichtigung geht es hinauf zum Stephansplatz und zur Goldschmiedgasse. Hier besaßen einmal die vornehmen Wiener Goldschmiede mitten im Herzen der Stadt ihre Geschäfte. Von der Peterskirche (**1**) erzählt eine Sage, dass sie der deutsche Kaiser Karl der Große im Jahre 792 gegründet haben soll. Diese Geschichte ist als Marmorrelief an der Kirche dargestellt. Die Peterskirche gehört zu den ältesten Kirchen von Wien, doch wurde sie in der Zeit von 1702 bis 1708 zur Barockkirche mit einer imposanten Kuppel umgestaltet. Der Peterskirche ist auch eine „Schatzkammer" angeschlossen und sie hat eine interessante Unterkirche.

Das gotische Hauszeichen „Zum großen Jordan" am Judenplatz. Das Relief stellt die Taufe Christi dar.

Vom Petersplatz sind es nur wenige Schritte über die Kühfußgasse bis zur Tuchlauben. Hier lag bereits vor ungefähr 1.000 Jahren ein wichtiger Marktplatz. Heute ist diese Stelle verbaut, doch seine dreieckige Form ist noch immer am Stadtplan ablesbar: Kühfußgasse, Tuchlauben und Milchgasse bilden die Begrenzung.

Ein kleiner Abstecher zu dem Haus Tuchlauben Nr. 19 (**2**) bringt eine sensationelle Überraschung: Im Inneren des Hauses sind bunte Fresken zu sehen, die ungefähr um das Jahr 1400 gemalt wurden. Sie zeigen fröhliche Szenen aus dem Leben der Bevölkerung. Dieser Saal ist heute eine Außenstelle des Wien Museums.

Wir verlassen die nach den Tuchhändlern benannte Straße – der Tuchmacherbrunnen zeigt einen dieser sehr wohlhabenden Handwerker aus alter Zeit – und biegen in die Steindlgasse ein. Vor dir erhebt sich der gotische Chor der Kirche „Am Hof". Die Rückseite dieser mittelalterlichen Kirche zeigt an, wie dicht damals Kirchen und Häuser nebeneinander standen. Die Vorderseite und das Innere der Kirche sind in der Barockzeit umgebaut worden.

Gleich gegenüber, im Haus Schulhof Nr. 2, befindet sich das Uhrenmuseum (**3**). Der Kern dieses wunderschönen Hauses stammt noch aus dem Mittelalter. Die Sammlung bewahrt unter anderem auch eine Türmeruhr mit Wecker aus dem Mittelalter auf.

DER JUDENPLATZ

Über die Parisergasse gelangst du zum Judenplatz, dem ehemaligen Zentrum der jüdischen Gemeinde im Mittelalter. Im Jahr 1421 wurden die Bewohner der Judenstadt von den Wienern grausam vertrieben oder getötet. Anschließend wurde die Synagoge abgebrochen. Vor einigen Jahren konnten Archäologen die Reste der Synagoge ausgraben und du kannst sie dir durch einen unterirdischen Tunnel anschauen. Der Eingang ist im Michrasihaus, Judenplatz Nr. 8. Dort ist ein modernes Museum eingerichtet worden, das dir spannend die Geschichte der mittelalterlichen Judenstadt vermittelt.

Der Engel mit dem Wappen von Wien am Alten Rathaus: eines der ältesten Hauszeichen Wiens.

Auf dem Judenplatz steht ein auffallender Stahlbetonkubus von Rachel Whiteread. Die Künstlerin hat dieses Mahnmal für die während der NS-Herrschaft 65.000 ermordeten österreichischen Juden geschaffen. Der gesamte Judenplatz stellt einen Ort der Erinnerung dar. Das Haus Judenplatz Nr. 2 ist heute das älteste Haus, das sich auf diesem Platz erhalten hat (**4**).

Über die Füttterergasse gelangst du zum Alten Rathaus, das von 1316 bis

1883 – also vom Mittelalter bis zur Ringstraßenzeit – der Sitz der Wiener Stadtverwaltung war.

Von der Ecke des Alten Rathauses (**5**) schaut ein gotischer Engel aus Stein herunter. Fest hält er die Wappen von Wien und Österreich in seinen Händen. Er stammt aus der Zeit um 1450 und ist mit ziemlicher Sicherheit eines der ältesten Hauszeichen der Stadt Wien, die sich bis heute erhalten haben. In einem Teil der ebenerdigen Räume des Alten Rathauses ist das interessante Bezirksmuseum der Innenstadt untergebracht; im Innenhof findest du einen schönen barocken Brunnen.

Doch nun kommst du über die Schwertgasse zum Passauer Platz und zur Kirche Maria am Gestade (**6**). Die Kirche stand am Steilabhang der mittelalterlichen Stadt. Vor der Stadtmauer befand sich am nahen Donauarm der Abladeplatz der Salzhändler. Eine steinerne Bildtafel am Hause Passauer Platz Nr. 5 stellt die Salzschiffer dar. Der erste Bau dieser Kirche wurde wieder abgerissen und im 14. und 15. Jahrhundert wurde Maria am Gestade in der heutigen Form errichtet. Besonders berühmt ist ihr zierlicher Helm aus Stein und sie zählt zu den eindrucksvollsten gotischen Kirchen Wiens.

Die gotische Kirche Maria am Gestade (Maria Stiegen).

AUF DEN SPUREN DES BERGHOFS

Unterhalb der breiten Stiege findest du im Hof des Hauses am Gestade 5–7 ein Stück der mittelalterlichen Stadtmauer (**7**). Der Rundgang führt von der Kirche Maria am Gestade weiter in die Salvatorgasse zum Hohen Markt. Halte dich bitte an der linken (nördlichen) Seite des Platzes. Bei den Hauseingängen Hoher Markt Nr. 9 oder Judengasse Nr. 1 a geht es hinein in einen großen Hof, der als Parkplatz genutzt wird und in dem sich als „Überbleibsel" einer ehemals mächtigen Anlage das Hausschild „Berghof 4" befindet. Hier stand die erste Burg des mittelalterlichen Wien, der Berghof. Er war eines der ältesten Gebäude Wiens und vermutlich seit der Römerzeit durchgehend bewohnt (**8**). Vor ungefähr 200 Jahren wurden die letzten Reste der alten Burg abgetragen.

Gleich in unmittelbarer Nähe der alten Burg befindet sich die Ruprechtskirche. Sie ist eine einfache romanische Kirche und gilt als die älteste Kirche der mittelalterlichen Stadt, der heutigen Innenstadt. Ihre ältesten Teile sind die unteren Turmgeschosse und das Hauptschiff, die um 1130 errichtet wurden. Geöffnet ist die Ruprechtskirche nur zu den Terminen der Heiligen Messen (**9**).

Die Ruprechtskirche, die älteste erhaltene Kirche der Innenstadt.

Durch die Seitenstettengasse geht es zur Rotenturmstraße. An der Ecke Seitenstettengasse/Rabensteig weist eine Inschrift auf die alte Babenber-

Mittelalterlicher Wohnturm in der Griechengasse.

germauer hin. Die nächste uralte Wiener Gasse, die du aufsuchst, ist die Griechengasse. Hier findest du gleich mehrere mittelalterliche Spuren: Das Haus Nr. 4 besaß einmal einen Turm, der Ende des 16. Jahrhunderts während eines Erdbebens einstürzte. Dabei, so erzählt eine Geschichte, fiel ein Knecht vom obersten Stockwerk mitsamt seinem Bett auf die Straße. Wie durch ein Wunder blieb er unverletzt. Einige kleine Ausgucke des Turms – so genannte Spione – sind noch erkennbar. Im Hof des Hauses Nr. 7 steht ein gotischer Wohnturm, den du am besten aus einiger Entfernung sehen kannst (**10**). Im Mittelalter standen viele solche Türme in der Stadt.

Die Griechengasse wird bis zum Fleischmarkt hin immer enger. Am Rande der Gasse sind so genannte Prellsteine angebracht, die die Hauswände gegen das Anfahren der Fuhrwerke schützen sollten. Das Haus Griechengasse Nr. 9 (Eingang Fleischmarkt Nr. 11) ist für einen kleinen Entdeckungsrundgang interessant. In dem alten Gemäuer sind drei Kanonenkugeln eingemauert, die im Jahr 1529 von den Osmanen gegen Wien abgefeuert worden sind. Das Haus war schon im Mittelalter ein Gasthaus, später soll hier der „Liebe Augustin" verkehrt haben. Gegenüber, am Eckhaus Griechengasse Nr. 10/Fleischmarkt Nr. 9, berichtet eine Tafel, dass der Fleischmarkt bereits eine alte Römerstraße war und dass in diesem Haus ab dem Jahr 1333 die Fleischerinnung ihren Sitz hatte (**11**). Die Wiener Fleischhauer haben auch dem Straßenzug den Namen gegeben.

Du kreuzt jetzt den Fleischmarkt, gehst ein Stück in die Köllnerhofgasse und kommst über die Grashofgasse in den Heiligenkreuzerhof. Hier hatte das im Wienerwald gelegene Stift Heiligenkreuz schon im Mittelalter seine Besitzungen. Die Häuser sind später im barocken Baustil umgestaltet worden. Im Hof beim Eingang zur dritten Stiege siehst du noch eine freigelegte Mauer aus der Zeit der Babenbergerherzöge (**12**).

Das Hauszeichen „Zum Basilisken" in der Schönlaterngasse.

„ZUM BASILISKEN"

Auf der anderen Seite des Hofes führt ein Tor in die Schönlaterngasse. Einer der Anziehungspunkte ist das Haus Nr. 7, genannt „Zum Basilisken" (**13**). Es wurde im 13. Jahrhundert gebaut und später immer wieder verändert. Das bekannte Hauszeichen, der „Basilisk", besteht aus Sandstein und ist vermutlich bei Grabungen für einen Brunnen gefunden worden. Die Sage hingegen erzählt, dass der Basilisk aus einem Ei stamme, das ein Hahn gelegt und eine Kröte ausgebrütet habe. Im Jahre 1212 sei der Basilisk im Brunnen des Bäckerhauses gesessen. Ein Geselle habe dieses giftige und Grauen erregende Tier entdeckt. Der Basilisk kann durch einen Spiegel getötet werden – er platzt, wenn er sich darin erblickt. In diesem Fall soll der Brunnen zugeschüttet worden sein.

Im Nebenhaus, Schönlaterngasse Nr. 9, ist eine alte Schmiede zu sehen. In diesen historischen Räumen finden öfters Veranstaltungen statt. Die Schönlaterngasse hat ihren Namen von dem Wohnhaus „Zur schönen Laterne", heute Nr. 6.

Früher wurde der Straßenname an die Hauswand gemalt.

Hoffentlich verirrst du dich jetzt nicht im engen Gewirr der Altstadt: Über die Sonnenfelsgasse kommst du zur Windhaaggasse und biegst dann in die Bäckerstraße ein. Vor ungefähr 900 Jahren befand sich hier bereits eine kleine Vorstadt von Wien, in der Händler wohnten. Doch von den winzigen mittelalterlichen Häusern hat sich wenig erhalten; dafür gibt es in der Bäckerstraße zwei berühmte Denkmäler zu bewundern, die aus der unmittelbaren Zeit nach dem Mittelalter stammen: der so genannten Renaissance. Bei Haus Nr. 7 findest du einen wunderbaren Arkadenhof im Inneren verborgen. Bei Haus Nr. 12 ist ein besonderes Hauszeichen aufgemalt: „Allwo die Kuh am Brett spielt" (**14**). Das lustig anmutende Bild versinnbildlicht den Streit zwischen Katholiken und Protestanten.

Über die Essig- und Strobelgasse gelangst du in die Blutgasse. Früher hat man angenommen, dass der Name der Blutgasse von dem vergossenen Blut kommt, das bei der Ermordung der Tempelritter geflossen ist. Dieser Ritterorden hatte hier seinen Sitz. Er wurde im Jahre 1312 aufgelöst und die Ordensleute, die sich dagegen empörten, wurden ermordet. Nach einer anderen Deutung stammt der Name Blutgasse von einer alten heidnischen Opferstätte. Diese alte Gasse wurde in letzter Zeit wieder vollständig renoviert. Die nun folgende Singerstraße wurde bereits im Jahre 1276 genannt, damals hieß sie noch Sünchingerstraße. Nach dem Deutschordenshaus auf Nr. 7 wurde sie zeitweise auch als „Deutschherrengasse" bezeichnet.

STOCK-IM-EISEN

Über die Singerstraße kommst du zum Stock-im-Eisen-Platz. Um den mit Nägeln bedeckten Fichtenstamm (**15**) ranken sich viele Sagen und Geschichten. Immerhin wurde er früher gerne als Mittelpunkt der Stadt Wien bezeichnet. Gleich im Nebenhaus, Stock-im-Eisen-Platz Nr. 3, ist an den schweren Eingangstüren die Erzählung über den rätselhaften Baumstamm abgebildet. Der Stock-im-Eisen-Platz selbst war früher gegen den Graben und den Stephansplatz durch schmale Häuserzeilen getrennt. Erst im 19. Jahrhundert wurden die Häuser abgetragen. Der alte Name blieb erhalten, obwohl er in Wirklichkeit kein abgeschlossener Platz mehr ist.

Hallo! Mehr über die spielende Kuh findest du auf Seite 62!

Hallo! Auf Seite 30 liest du etwas über das Geheimnis rund um den Stock-im-Eisen.

DIE SPINNERIN AM KREUZ

Anschrift: Wien 10, Triester Straße bei Nr. 52

Verkehrsmittel: Straßenbahnlinie 65

Im Süden Wiens, an der Triester Straße, steht die Steinsäule „Spinnerin am Kreuz". Auf ihrer Rückseite befindet sich die Inschrift: „Erbaut von der Stadt Wien im Jahre 1452". Entworfen hat dieses berühmte Wahrzeichen der Baumeister Hans Puchsbaum; über ihn berichtet eine Sage von einem Teufelspakt beim Bau des Stephansdoms.

Bereits vor 700 Jahren wurde auf dieser höchsten Stelle des Wienerberges ein großes Kreuz errichtet, das dann durch diese Steinsäule ersetzt wurde. Früher war das Denkmal von weither sichtbar und es dürfte ursprünglich ein altes Grenzzeichen an der wichtigen Straße von Wien nach dem Süden dargestellt haben, das vielleicht die Gerichtsgrenze anzeigte. Viele Jahrhunderte hindurch fanden bei der „Spinnerin am Kreuz" die Hinrichtungen der zum Tode Verurteilten statt, sodass sie auch die Bezeichnung „Martersäule am Wienerberg" erhielt.

Die Steinsäule „Spinnerin am Kreuz" an der Triester Straße.

Doch niemand weiß genau, wie die merkwürdige Bezeichnung „Spinnerin am Kreuz" entstanden ist. Viele Sagen versuchen den Namen zu erklären. So wird zum Beispiel von einem Schuster erzählt, der Spinner geheißen und die Steinsäule gestiftet haben soll.

Doch die bekannteste Sage handelt von der Gattin eines Kreuzfahrers, der in das Heilige Land gezogen war. Täglich wartete die Frau beim Kreuz auf der Wienerberghöhe auf seine Rückkehr. Sie hatte sich ihr Spinnrad mitgenommen und arbeitete fleißig. Schon fast drei Jahre saß sie so, Scharen von Kreuzfahrern zogen an ihr heimwärts vorbei. Doch ihr Mann befand sich nicht unter ihnen. Es schien ihr, als habe der Himmel sie vergessen. Eines Abends kam ein einsamer zerlumpter Wanderer und brach erschöpft beim Wegkreuz zusammen. Als sich die Frau über ihn beugte, schlug er die Augen auf – und sie erkannten einander wieder: Der Fremde war ihr lang herbeiersehnter Mann. Er erzählte von seiner Gefangenschaft im Heiligen Land und dass er sich durch Flucht aus der Sklaverei befreien konnte. Als Dank für die Errettung stiftete die Frau vom Erlös ihrer gesponnenen Ware die neue Steinsäule.

Soweit erzählt es diese Sage. Manche meinen auch, den Namen „Spinnerin am Kreuz" von dem Heiligen Crispinus ableiten zu können. St. Crispinus war der Schutzpatron der Schuster, aber auch angeblich der Grenzzeichen. Und vielleicht entstand im Laufe der Zeit aus Crispinuskreuz die Bezeichnung Spinuskreuz, Spinnerkreuz und schließlich Spinnerinkreuz.

3. RUNDGANG: DER STEPHANSDOM

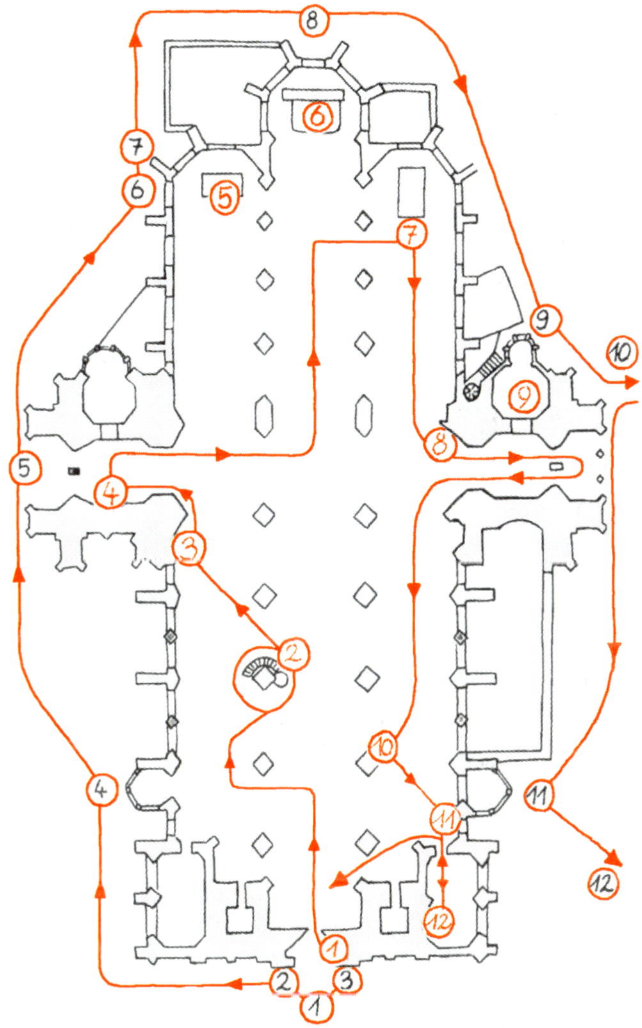

Ausgangspunkt: Wien 1, Stephansplatz

Verkehrsmittel: U 1, U 3, Autobuslinien 1A, 2A und 3A.

Nicht nur für einen Rundgang, auch sonst treffen sich die Wiener gerne am Stephansplatz.

IM DOM

Wo immer du deine Erkundungen anfangen willst, am schönsten ist der Beginn beim prächtigen Riesentor, dem ältesten Teil des Doms. Früher wurde es nur zu besonderen Feierlichkeiten für Könige und Herzöge geöffnet, die Bürger mussten, nach Geschlecht getrennt, die Seiteneingänge benutzen. Doch halt, bevor du hineingehst! Am Riesentor gibt es noch einen römischen Stein zu entdecken, der hier eingemauert wurde (**1**). Im Vorraum des Doms angelangt, eröffnet sich dir der Blick in den weiten dreischiffigen Hallenraum; über dir befindet sich eine der größten Orgeln der Welt mit über 10.000 Pfeifen. Auf der linken Seite liegt das Bischofstor, das auch Frauentor genannt wurde, weil früher die Frauen durch dieses Tor in die Kirche traten.

Die Kanzel (**2**) von Anton Pilgram ist wie der ganze Dom aus Sandstein hergestellt. Auf dem Stiegengeländer kriechen Kröten, Frösche und Eidechsen. Das Hündchen der Wachsamkeit sitzt ganz oben. Unterhalb der Kanzel schaut ein Baumeister seit ungefähr 500 Jahren als Fenstergucker ernst auf das Treiben im Dom, wie wenn er von dieser Welt Abschied nehmen würde.

Das Hündchen der Wachsamkeit auf der Kanzel.

Und noch einmal begegnet uns das Bildnis eines Baumeisters. Es handelt sich um Anton Pilgram. Er trägt die Last seines Werkes, die Orgelempore, auf seinen Schultern (**3**). Wenn du vor der Orgelempore stehst, bist du eigentlich schon am Ende des Langhauses angekommen. Im Dunkel der nördlichen Turmhalle ist der „Zahnweh-Herrgott" verborgen (**4**). Er stammt aus dem Ende des 15. Jahrhunderts. Ursprünglich stand er außen am Dom in der „Armenseelennische", dort ist auch heute eine Nachbil-

Der „Fenstergucker“ am Fuß der Kanzel.

Deckplatte des Grabmals Kaiser Friedrichs III. mit dem Kaiserbild.

dung zu sehen. Die Sage erzählt, dass einst drei übermütige Burschen den Schmerzensmann ausgelacht haben. Da bekamen sie heftige Zahnschmerzen, die erst vergingen, als sie ihren Spott bereuten. Wenn du weiter nach vorne gehst, gelangst du in den Chor. Dieser Kirchenabschnitt ist ungefähr 660 Jahre alt. Vorne im linken Seitenchor steht der gotische „Wiener Neustädter Altar“ (**5**). Er ist ganz aus Holz geschnitzt und bemalt und wurde im Jahre 1447 fertig gestellt. Er bringt Szenen aus dem Leben von Maria und Jesus.

Der Hochaltar (**6**) zeigt den heiligen Stephanus, wie er, von Steinen getroffen, in die Knie sinkt. Das Bild ist ungefähr 500 Jahre nach der ersten Weihe des Stephansdoms, in der Zeit um 1647, auf Zinnplatten gemalt worden. Wie wunderbar die Kirche gebaut ist, ergaben astronomische Forschungen. Am Namensfest des heiligen Stephanus fallen zum Sonnenaufgang die ersten Lichtstrahlen genau mitten durch den Dom – vom Ostfenster hin bis mitten zum großen Westtor. Rechts und links vom Hochaltar siehst du noch Reste der gotischen Glasfenster mit ihren wunderbaren Farben und Bildern.

Im Chor befindet sich ein berühmtes Grab, in dem Kaiser Friedrich III. bestattet liegt (**7**). Vor ungefähr 500 Jahren ist er mit großem Pomp im Stephansdom begraben worden. Sogar Pferde begleiteten den Trauerzug in die mit schwarzen Tüchern behängte Kirche.

Aus der Zeit um 1320 stammt die anmutige Dienstboten-Muttergottes, die bis heute noch verehrt wird (**8**).

In der Katharinenkapelle steht der große gotische Taufstein aus Marmor mit seiner aus Holz geschnitzten Deckelkrone (**9**). Wie der Dom nach der Brandkatastrophe im April 1945 ausgesehen hat, zeigen Fotos beim Primglöckleintor. So heißt der Eingang beim Südturm.

MARIENDARSTELLUNGEN VON ST. STEPHAN

Von den vielen Figuren und Altären fallen immer wieder die besonders schönen Mariendarstellungen auf. Die „Schutzmantelmadonna“ (**10**) hat, wie die meisten von ihnen, eine berührende Geschichte. Sie wurde von der Gattin des Wiener Bürgermeisters Vorlauf gestiftet. Konrad Vorlauf hatte sich gegen den Herrscher, der zu viel Steuergelder verlangte, erhoben. Einige Handwerker ergriffen aber für den Herrscher Partei, da ließ Bürgermeister Vorlauf die Männer hinrichten. Vorlauf bezahlte dieses Vorgehen mit seinem Leben. Am Schweinemarkt, dem heutigen Lobkowitzplatz, wurde er im Jahr 1408 enthauptet. Nach seinem Tod ließ seine Frau die Muttergottesstatue anfertigen. Rechts kniet sie mit ihren Töchtern unter dem Schutzmantel der Madonna. Auf der anderen Seite ist Konrad Vorlauf mit seinen Schutzheiligen zu sehen. In der Mitte ist das Familienwappen mit einem steigenden Pferd angebracht.

Gleich in ihrer Nähe befindet sich der Altar mit dem Gnadenbild der „Maria Pötsch“ (**11**). Dieses Bild kam nach der zweiten Türkenbelagerung von Ungarn nach Wien. Viele Wunder wurden von Maria berichtet. So soll das Bild echte Tränen geweint haben. Heute brennen stets viele Kerzen davor, zahlreiche Menschen beten hier und hoffen auf Fürsprache und Hilfe.

Ebenfalls zu den schönen Madonnen des Mittelalters gehört die fast lebensgroße Statue in der Eligiuskapelle. Erst ab 19 Uhr wird diese Kapelle für das Abendgebet geöffnet und erst dann kannst du die „Hausmuttergottes“ aus dem ehemaligen Himmelpfortkloster bestaunen (**12**). Maria ist als Königin dargestellt. Trotzdem wird von ihr die Sage erzählt, dass sie für eine heimlich davongelaufene Nonne jahrelang im Kloster den Dienst versehen hat. Sie sperrte jeden Tag die Klostertüren auf und zu. Als die Nonne zurückkehrte, übergab ihr die Muttergottes wieder die Schlüssel. Niemand hatte im Kloster die Abwesenheit der Nonne bemerkt. Diese Muttergottesstatue ist fast 650 Jahre alt.

Vom Inneren des Doms aus kannst du auch auf den Nordturm hinauffahren oder in die schaurigen unterirdischen Katakomben hinabsteigen, wo früher Tote bestattet wurden.

Die „Schutzmantelmadonna“.

RINGS UM DEN DOM

Wie ein versteinertes Buch voller Figuren und verschlüsselter Zeichen sieht der älteste Teil des Doms, die Westfassade, aus. Von der Ferne wirkt die Vorderfront klar gegliedert, in der Nähe weiß man gar nicht, wohin man zuerst schauen soll: zu dem Riesentor (**1**), zu den Uhren, zu den Messstäben (**2**), zu den vielen Grabsteinen oder zu den merkwürdigen Figuren.

An der rechten Seite neben dem Eingang des Riesentores kannst du das Zeichen O5 entdecken (**3**). Dieses wurde vor etwa 60 Jahren, am Ende des Zweiten Weltkriegs, eingeritzt. Den Staat Österreich gab es nicht mehr. Eine Widerstandsgruppe, die für ein unabhängiges Österreich und die Trennung vom nationalsozialistischen Deutschland kämpfte, markierte die ersten beiden Buchstaben des Wortes „Oesterreich“, also O5: Denn mit 5 meinte man den fünften Buchstaben im Alphabet, also das E. Du umrundest die Nordwestecke und kommst zum Bischofstor (**4**). Viele kostbare Figuren stehen in den Nischen. Darunter auch eine Herrscher-

Zeichen des österreichischen Widerstands gegen Hitler-Deutschland.

figur mit einem Kirchenmodell in der Hand. Das ist Rudolf der Stifter, der den Grundstein für das Langhaus und den Hohen Turm gelegt hat. Vom Bischofstor schauen besonders schaurige Tiere aus Stein herunter. Das sind die so genannten Wasserspeier, die das Wasser des Daches sammeln und es in hohem Bogen aus ihrem Maul ausspeien.

Wasserspeier an der Außenseite des Doms.

Im Nord- oder Adlerturm (**5**) hängt heute die 21.383 Kilogramm schwere Hauptglocke, die Pummerin. An der Außenseite des Turms mussten viele Figuren aus Sandstein ausgetauscht werden. Die Originale befinden sich heute im Wien Museum Karlsplatz, am Dom siehst du die Nachbildungen. Auch heute gibt es einen Dombaumeister und es arbeiten bis zu 18 Steinmetzen für die Ausbesserung und Ergänzung der alten Steine des Doms.

Der so genannte „Asylring" beim Adlertor.

Beim Tor des Adlerturms ist ein Eisenring in die Kirchenmauer eingelassen. Früher wurde er als Asylring angesehen, bei dem jeder Verfolgte Schutz suchen konnte. Die modernen Erklärungen meinen, dass dieser Ring für einen Seilzug diente, mit dem die Steine beim Bau hinaufgezogen wurden.

In einem schmalen Vorbau ist eine Gedenktafel angebracht, die an Wolfgang Amadeus Mozart erinnert (**6**). Hier soll der so jung verstorbene Komponist im Jahr 1791 eingesegnet worden sein. Unmittelbar daneben steht eine steinerne Kanzel, die nach dem berühmten Prediger Capistran benannt wurde (**7**).

Du kommst zum Nordosteck des Doms und findest in der bunt bemalten Armenseelennische die Nachbildung des Zahnweh-Herrgottes (**8**). Beim Weitergehen ragt vor dir der wunderschöne Südturm auf, den du bis zur Türmerstube besteigen kannst (**9**). In einer engen Spirale führen 343 Stufen hinauf und der herrliche Rundblick belohnt die Anstrengung. Von einem Bankerl aus nützte schon während der osmanischen Belagerung 1683 Stadtkommandant Starhemberg die gute Fernsicht. Von hier aus erwartete er das Hilfsheer.

Ein kleiner Abstecher zum so genannten Churhaus zeigt dir den Platz, an dem sich in Wien die älteste Schule befunden hat. Eine Gedenktafel liefert dir die näheren Daten (**10**). Wenn du in die Churhausgasse ein bisschen hineinwanderst und zum Steffl blickst, zeigt er sich in seiner ganzen Größe. Auch das riesige Dach ist imposant. 325.000 bunt glasierte Dachziegel bedecken es.

Durch das Singertor (**11**) zogen früher die Professoren mit ihren Studenten von der gegenüberliegenden Schule in den Dom ein. Dieser heute geschlossene Eingang war früher nur den Männern vorbehalten.

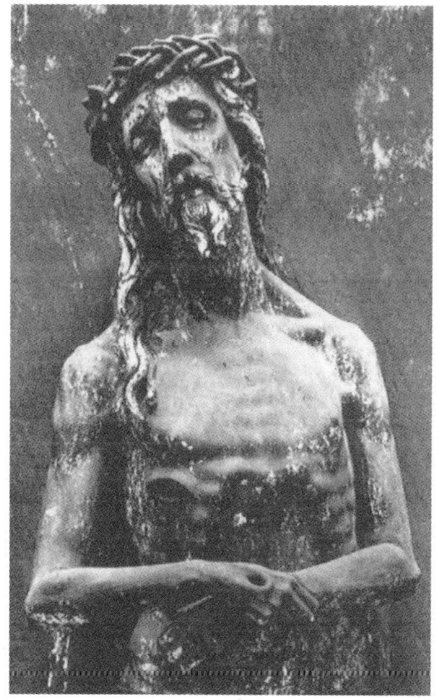

„Zahnweh-Herrgott" (das Original befindet sich heute im Inneren des Doms).

DIE VIRGILKAPELLE

Beim Weitergehen wird es jetzt auch am Boden interessant. Farbige Pflastersteine zeigen dir den Umriss der alten Begräbniskirche (**12**), die sich im Stephansfriedhof befand. Sie ist 1781 abgebrannt und der Friedhof wurde aufgelöst. Sie war Maria Magdalena geweiht.

Bei den Bauarbeiten für die U-Bahn fand man 1972 unter dieser Stelle Gewölbe, die mit Schutt angefüllt waren. Sie lagen zwei Geschosse unter der Maria-Magdalena-Kapelle und waren vermutlich früher nur mit einer Strickleiter zugänglich. Bei diesen Räumen handelt es sich um die Virgilkapelle, die du von der U-Bahn-Station Stephansplatz sehen und über die Außenstelle des Wien Museums betreten kannst. Von der Kapelle, die zwölf Meter unter dem heutigen Niveau des Stephansplatzes liegt, geht eine geheimnisvolle Stimmung aus. Die Gewölbe sind ungefähr 750 Jahre alt und an den Wänden sind Radkreuze aufgemalt.

Steinmetz am Bogen des Riesentors.

Die Archäologen waren über die Freilegung dieser Kapelle deswegen so überrascht, weil sie in den schriftlichen Überlieferungen aus dem Mittelalter keine Erwähnung und keine Hinweise über diese neben dem Stephansdom gelegene Kapelle gefunden haben.

4. RUNDGANG: RENAISSANCE UND BAROCK

Ausgangspunkt: Wien 1, Schottenkreuzung, Innenstadtseite

Verkehrsmittel: U 2, Straßenbahnlinien 1, 2, D, 38, 41, 42, 43, 44, Autobuslinie 1A

In der Renaissance- und Barockzeit erfuhr das Stadtbild von Wien eine grundlegende Veränderung. Eine mächtige Stadtmauer mit Basteien löste die mittelalterliche Ringmauer ab.

Nach der zweiten Türkenbelagerung begann die große Bauzeit der barocken Paläste inner- und außerhalb der Stadtmauern. Viele mittelalterliche Häuser mit ihren spitzen Giebeln und steilen Dächern wurden abgetragen, um breiten, geschwungenen Bürgerhäusern Platz zu machen.

Von der Straßenbahnstation geht es zum Liebenberg-Denkmal gegenüber der Universität: Johann Andreas von Liebenberg war während der Belagerung durch die Osmanen 1683 Bürgermeister von Wien.

Vor dir erheben sich einige Häuser auf einer künstlichen Anhöhe. Sie stehen auf einem kleinen Teil der ehemaligen Stadtbefestigung, der Mölker-

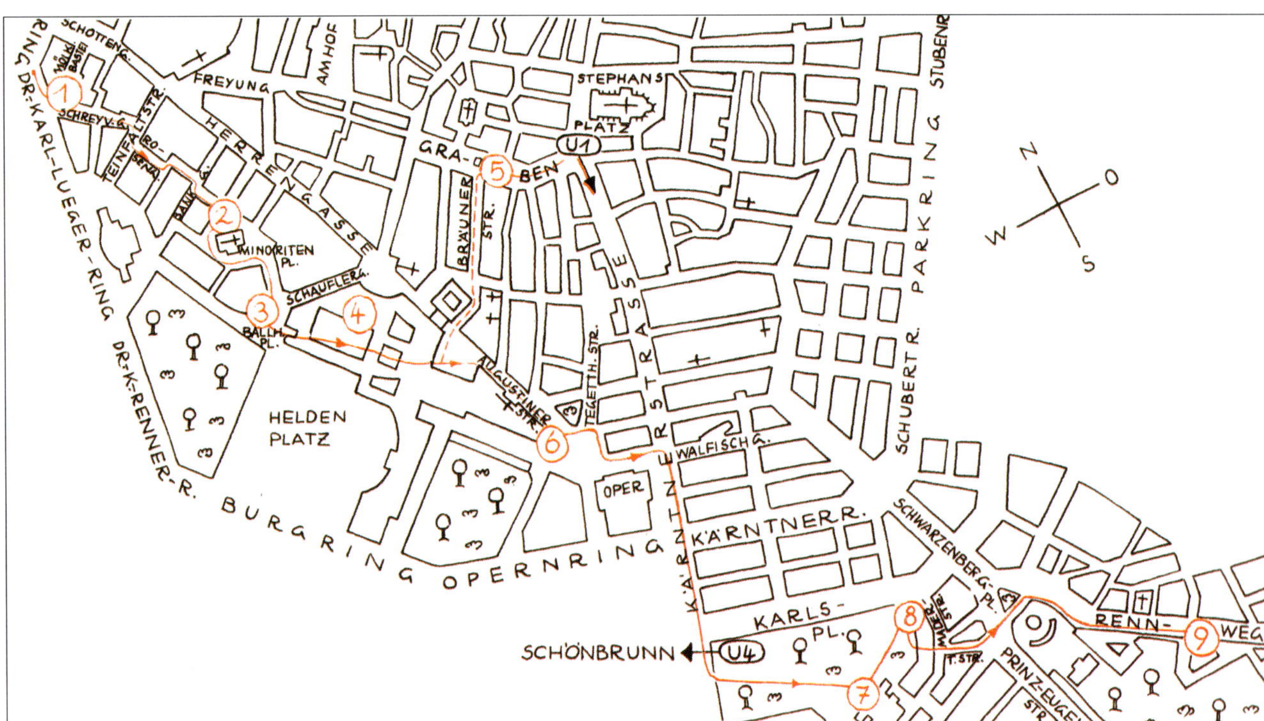

bastei (**1**). Ursprünglich reichte die Mölkerbastei bis zur Rampe der Universität. Dieses kleine Reststück blieb beim Bau der Ringstraße stehen. Es befindet sich ein ganz besonderes Haus auf der Mölkerbastei: Hausnummer 8 war zeitweise die Adresse des Komponisten Ludwig van Beethoven. Im obersten Stockwerk quartierte er sich gerne ein, da er von dort einen wunderbaren Blick über das Glacis und die Vorstädte bis zum Wienerwald hatte. Er war so verliebt in diese Aussicht, dass er sich – zum Entsetzen des Hausherrn – ein zusätzliches Fenster durch die Wand brechen lassen wollte.

Von der Mölkerbastei hat sich ein Stück der Befestigung erhalten.

Vorbei am „Dreimäderlhaus“ (Schreyvogelgasse 10) schlägst du dich nun über die Teinfaltstraße, Rosengasse, Schenkengasse, ein ganz kurzes Stück Bankgasse (hier Barockpaläste Bankgasse Nr. 2, 4–6, 8 und 9) und Petrarcagasse zum Minoritenplatz durch. Die Mitte dieses Platzes beherrscht die mittelalterliche Minoritenkirche, der allerdings die Turmspitze fehlt (**2**). Sie wurde während der zweiten Türkenbelagerung von einer Kanonenkugel getroffen, später verzichtete man auf eine Wiederherstellung. Auf dem Minoritenplatz kannst du nebeneinander das Aussehen alter Barockpaläste, jüngerer Gebäude aus dem 19. Jahrhundert und zuletzt eines vor wenigen Jahren errichteten Amtsgebäudes vergleichen. Von den Barockpalästen sind einige besonders hervorzuheben: So auf Nr. 5 das Palais Starhemberg, heute das Bundesministerium für Bildung, Wissenschaft und Kultur, weiters auf Nr. 4 das Palais Liechtenstein (reicht bis zur Bankgasse 9) und auf Nr. 3 das Palais Dietrichstein.

In unmittelbarer Nähe liegt der politisch wichtigste Platz Österreichs: der Ballhausplatz. Der barocke Palast auf Nr. 2 ist der Mittelpunkt von Österreichs Staatsverwaltung (**3**). Früher war hier der Sitz der „Geheimen Hofkanzlei“; seit 1918 amtieren der Bundeskanzler und der Außenminister in den herrlichen Räumen.

Das Schweizertor, Eingang zur Hofburg.

DIE HOFBURG

Am Ballhausplatz stehst du nun am äußeren Rand der ehemaligen Kaiserresidenz, der Hofburg. Jahrhundertelang regierte und wohnte in der Burg (**4**) das Geschlecht der Habsburger. Heute sind darin Museen, die Nationalbibliothek sowie öffentliche und private Büros untergebracht. Im so genannten Leopoldinischen Trakt (A) ist die Präsidentschaftskanzlei eingerichtet. Immer wenn der Bundespräsident anwesend ist, wird an der Dachspitze die rot-weiß-rote Fahne aufgezogen.

Durch einen Durchgang beim Leopoldinischen Trakt gelangst du auf den Platz „In der Burg“ (B). Früher war dieser Platz für Turniere und Theateraufführungen gedacht. Später fand in dieser barocken Umrahmung täglich Schlag 12 Uhr mit Musik die Ablöse der Burgwache statt, die jedes Mal viele Neugierige herbeilockte. In der Mitte ragt das Denkmal des „Biedermeierkaisers“ Franz I. (II.) empor.

Jeder Herrscher hat nach seinem Geschmack und nach der Mode seiner Zeit in der Burg etwas dazugebaut und sich seine Wohn- und Arbeitsräume eingerichtet. Einige Zimmer blieben original erhalten und du kannst sie besichtigen.

Das Schweizertor (C) ist der Eingang zum ältesten Teil der Burg, dem Schweizerhof. Die Bezeichnung geht auf die Zeit Maria Theresias zurück, die aus Schweizer Landsknechten die Burgwache, die so genannte Schweizergarde, gebildet hat. Die Anlage ist aber bedeutend älter. Vor dem Schweizertor befanden sich früher eine Zugbrücke und ein Schlagbaum. Die Rollen für die Ketten sind noch zu sehen, einen Teil des Burggrabens kannst du noch erkennen. Das Schweizertor gehört zu den schönsten Renaissancetoren und die Jahreszahl seiner Errichtung findest du außen angegeben: 1552.

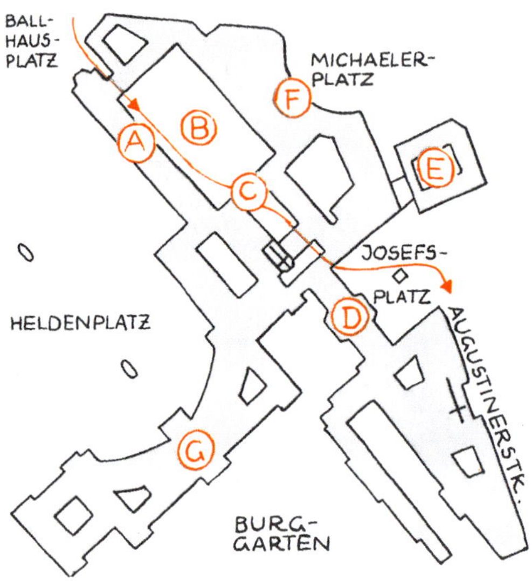

Plan der Hofburg
A Leopoldinischer Trakt
B In der Burg
C Schweizertor
D Hofbibliothek
E Stallburg
F Michaelertrakt
G Neue Burg

Der Schweizerhof ist der Innenhof der ältesten Burg. Du musst dir jetzt noch zusätzlich an jeder Ecke einen Turm vorstellen. Mit dem Bau dieser ersten Burg hat man um 1275, also vor mehr als 730 Jahren, begonnen. Ein freigelegtes Mauerstück mit einer Schießscharte aus alter Zeit findest du beim Eingang in die Schatzkammer. Eine Treppe führt zur Burgkapelle, die noch aus dem Mittelalter stammt. Während der Gottesdienste singen hier die Wiener Sängerknaben.

Durch einen gewölbeartigen Durchgang gelangst du auf den Josefsplatz, auf einen der schönsten Plätze Wiens. Das Reiterdenkmal stellt Kaiser Josef II. dar. Besonders eindrucksvoll ist die Österreichische Nationalbibliothek (D), die der Architekt Johann Bernhard Fischer von Erlach um 1720 entworfen hat. Auf dem hervortretenden Mittelteil der Bibliothek siehst du oben einen von vier Pferden gezogenen Wagen, den die römische Göttin Minerva lenkt. Sie überrollt mit ihrem Gefährt zwei Figuren, die Unfrieden in die Welt bringen: den Neid und die Unwissenheit. Du kannst auch in die Bibliothek hineingehen und dir den einmaligen Prunksaal anschauen.

In der riesigen, verschachtelten Hofburganlage sind sogar Pferde untergebracht: die edlen Lipizzaner. Im Erdgeschoss der Stallburg (E) befinden sich heute noch die Stallungen. Bei der Tür Reitschulgasse Nr. 2

kannst du hineingehen und den wunderschönen Renaissancehof der Stallburg bewundern. Nebenbei lässt sich hier besonders gut den Schimmelhengsten auflauern, die auf dem Weg zur Morgenarbeit vorbeikommen. Die letzte große Ausbaustufe der Burg fand zur Ringstraßenzeit unter Kaiser Franz Joseph I. statt. Damals wurden das Michaelertor (F) und die Neue Burg (G) angefügt. Auf dem Michaelerplatz gibt es Ausgrabungen – wie ein Fenster in die Vergangenheit – zu besichtigen.

Innenhof der Stallburg, ausgeführt im Baustil der Renaissance.

Der Rundgang führt weiter zur Karlskirche. Du hast aber jetzt die Möglichkeit, einen Abstecher zu machen und vom Josefsplatz über die Bräunerstraße zur Pestsäule auf den Graben zu wandern (**5**). Dabei kommst du an den barocken Häusern Bräunerstraße Nr. 8, einem der prächtigsten Wohnhäuser der Barockzeit, Nr. 7 und Nr. 3, dem Geburtshaus des Dichters Johann Nestroy, vorbei.

Auf dem Weg vom Josefsplatz zum Karlsplatz geht es vorbei an der schlichten Augustinerkirche. In ihr befindet sich das so genannte Herzgrüftel, eine kleine Kammer mit alten Silbergefäßen, in denen die Herzen der verstorbenen Habsburgerherrscher aufbewahrt werden. Auf der gleichen Seite liegen die Albertina und ein kleines Stück der früheren Wehranlage, die Augustinerbastei (**6**).

Die Albertina ist nach Herzog Albert von Sachsen-Teschen benannt. Er war mit Christine, der Lieblingstochter Maria Theresias, verheiratet und ein leidenschaftlicher Sammler von alten und neuen Zeichnungen. Er legte den Grundstock für die berühmte grafische Sammlung Albertina.

DIE KARLSKIRCHE

Karlskirche mit neugestaltetem Resselpark.

Das nächste Ziel unseres Rundganges ist die Karlskirche (**7**). Sie erhebt sich imposant hinter den Bäumen des Resselparks. Vor der Kirche wachen zwei riesige Engel mit Kreuzen aus Bronze: Sie stellen das Neue und das Alte Testament dar. In dem Giebelrelief über der Treppe erkennst du Szenen aus Wien im Jahre der schrecklichen Pest 1679. Die Flügel an den beiden Kirchenuhren mahnen die Menschen, wie rasch die Zeit entflieht und sie daher ihr Leben nützen sollen.

Die Schauseite der Karlskirche ist zur Hofburg, dem ehemaligen Sitz des Kaisers, gerichtet. Auf den Triumphsäulen wird das Leben des heiligen Karl dargestellt. Doch ganz oben – auf jeder Spitze der Säule – liegt eine Krone, umringt von vier goldenen kaiserlichen Adlern. So wurde dem Betrachter damals deutlich vor Augen geführt, dass er vor einem kaiserlichen Bauwerk in der Residenz eines Weltreiches steht.

Im Inneren der Kirche herrschen die Farben Weiß, helles Rotbraun und

Diese Rüstung ist fast 500 Jahre alt. (© Wien Museum Karlsplatz)

Gold vor. Prächtige Wandmalereien machen die Räume noch größer. Solche optischen Täuschungen nennt man „Scheinarchitektur".

Im Wien Museum Karlsplatz (**8**) gibt es im 1. Stock eine Fülle von alten Bildern, Rüstungen, Waffen und Geräten, die dir noch mehr über das Leben in der Renaissance- und Barockzeit erzählen. Ein großes Modell zeigt dir anschaulich, wie das alte Wien mit seiner Stadtbefestigung ausgesehen hat. Ein gesonderter Besuch lohnt sich auf jeden Fall.

DAS BELVEDERE

Zum Abschluss des Rundganges gibt es einen besonderen Höhepunkt: den Garten des Prinzen Eugen. So nannten nämlich die Wiener damals die großartige Gartenschlossanlage. Heute sind im Belvedere (**9**) berühmte Museen untergebracht.

Von seinem 30. bis zu seinem 60. Lebensjahr hat Prinz Eugen daran bauen lassen. Oft studierte er während eines Kriegszuges in seinem Zelt die Baupläne, die ihm sein Architekt Lukas von Hildebrandt vorlegte. Ein geheimnisvolles Programm liegt dem Garten und den beiden Schlössern zu Grunde. Prinz Eugen widmete die ganze Anlage zwei Gestalten aus der griechischen Götter- und Heldenwelt: dem Gott Apollo und dem Helden Herkules. Beide findest du als Steinfiguren gleich gegenüber der Gartenfront des unteren Schlosses. Apollo hält als Gott der Musik unverkennbar eine Leier. Herkules ist der Held mit unbändiger Kraft. Er trägt eine Keule in der Hand und ist mit einem Löwenfell bekleidet. Nach vielen bestandenen Taten wurde er – obwohl Mensch – von den Göttern in den Olymp, den Sitz der Unsterblichen, aufgenommen. Hat Prinz Eugen diese beiden Gestalten als seine „Schutzgeister" oder Vorbilder gesehen? Jedenfalls baute der Prinz auf seinem Grund eine Art Nachbildung des Götterhimmels Olymp: das Obere Belvedere. Es liegt am höchsten Teil der Anlage. Damals sprühten so viele Wasserbrunnen im Garten, dass man glauben konnte, das obere Schloss schwebe über den Wassern.

Geheimnisvolle Sphinx in der Gartenanlage des Belvedere.

Die bergauf führenden Treppen verdeutlichen die Mühen der Menschen, den Olymp zu erreichen. Am Rande stehen kleine Figuren, die die Monate und damit die Zeit darstellen. Das Obere Belvedere ist von merkwürdigen Zauberwesen bewacht, den so genannten Sphingen. Diese Steinfiguren haben einen geflügelten Löwenkörper mit Kopf und Brust einer Jungfrau.

Vom Oberen Belvedere kannst du direkt in die Straßenbahnlinie D einsteigen oder am Gürtel beim Südbahnhof in die Linien 18 und O, in die Autobuslinie 13A sowie in die Schnellbahn.

SCHLOSS SCHÖNBRUNN

Ausgangspunkt: Schönbrunner Schlossstraße 13

Verkehrsmittel: U 4, Straßenbahnlinie 58

Von den verschiedenen Eingängen zum Schloss ist das Haupttor am imposantesten. Das mächtige Schmiedeeisentor mit den beiden Obelisken vermittelt einen sehr herrschaftlichen Eindruck.

Du gelangst in den Schlosshof, der auch Ehrenhof genannt wurde. Vor dir breitet sich die größte Schlossanlage Wiens aus. Die Herrscherin Maria Theresia hat vor 250 Jahren das schon vorhandene Schloss (A) bedeutend erweitern und umbauen lassen. Insgesamt wurden 1.441 Zimmer und Säle sowie 139 Küchen eingerichtet. Ungefähr 1.000 Menschen lebten damals im Schloss. Eine eigene Schlosskapelle und ein eigenes Schlosstheater kamen dazu.

Heute befindet sich Schloss Schönbrunn im Staatsbesitz. Mit einer Führung hast du die Möglichkeit, die Prunk-, Empfangs-, Wohn- und Schlafzimmer des Schlosses zu durchschreiten. Jeder Raum hat einen eigenen Namen, wie zum Beispiel das „Laternenzimmer“, das „Millionenzimmer“ oder das „Porzellanzimmer“. Im „Spiegelzimmer“ hat das Konzert

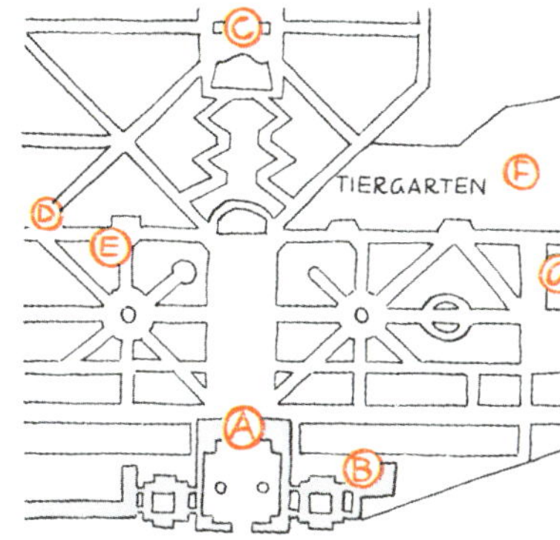

Schloss Schönbrunn

A Hauptgebäude
B Wagenburg
C Gloriette
D Obelisk
E Schöner Brunnen
F Tiergarten
G Palmenhaus

Haupteingang des Schönbrunner Schlosses mit den Obelisken. (Foto, um 1930)

Der „Schöne Brunnen" gab dem Schloss den Namen.

des sechsjährigen Mozart vor Maria Theresia stattgefunden. Anschließend gab es eine Besichtigung für das Wunderkind aus Salzburg. Doch Wolfgang Amadeus Mozart war die glatten Fußböden nicht gewöhnt und rutschte plötzlich aus. Er schämte sich fürchterlich für sein Missgeschick; doch die kleine Erzherzogin Maria Antoinette half ihm auf. Er versprach ihr dafür, sie einmal zu heiraten.

Von den Nebengebäuden ist sicherlich noch die so genannte Wagenburg (B) mit ihren Kutschen interessant. Ursprünglich diente das Gebäude als Winterreitschule. Heute gehört die Wagenburg, in der herrschaftliche Fahrzeuge aus zwei Jahrhunderten zu sehen sind, zum Kunsthistorischen Museum.

Der riesige Schlosspark ist auch heute noch wie ein echter Barockgarten gestaltet: Die Natur muss sich der Kunst des Gärtners fügen. Aus Bäumen sind grüne Wände geschnitten, aus Blumen und Pflanzen musterreiche Teppiche gewebt. In strenger Ordnung durchziehen die Wege den sanft ansteigenden Hügel. Diese Gartenbaukunst stammt aus Frankreich.

Dem Schloss gegenüber thront wie ein luftiger Märchenbau auf der Anhöhe die Gloriette (C). Das Wort „Glorie" heißt so viel wie „Ruhm" oder „Herrlichkeit" und die Gloriette stellt eine Art Ehrentempel dar. Von hier hast du einen wunderbaren Rundblick über Wien.

Vom Schloss aus kann man weit durch die Alleen schauen und neue Ziele entdecken. In der Nähe der linken Hauptallee liegt eine kleine, kunstvoll gebaute Grotte. Die Quelle, die hier entspringt, wird „Schöner Brunnen" (E) genannt. Lange Zeit versorgte sie mit ihrem besonders herrlichen Wasser das Schloss und gab ihm den Namen „Schönbrunn".

Luftaufnahme des Tiergartens, der über 250 Jahre alt ist. (Foto, um 1956)

Durch die rechte Hauptallee kommst du zu einem achteckigen Gebäude, das bereits mitten im Tiergarten (F) steht. Hier frühstückte manchmal Maria Theresia mit ihrem Gemahl und sah den Papageien und anderen exotischen Tieren zu. Damals gab es bedeutend weniger Tiere in Schönbrunn als heute. Die Giraffe zum Beispiel kannte man nur vom Hörensagen. Heute leben die seltensten Tiere in diesem erweiterten Tiergarten, der in seinem Kern noch die barocke, kreisförmige Anlage aufweist.

Gleich in der Nähe befindet sich ein riesiges Glashaus, das so genannte Palmenhaus (G). Es wurde zur Ringstraßenzeit im Jahre 1882 errichtet. Seine kühne Eisenkonstruktion konnte in den vergangenen Jahren mit viel Mühe gerettet werden.

Von hier aus hast du die Möglichkeit, durch das Hietzinger Tor den Park zu verlassen. Du stehst auf einem alten Platz und doch mitten im modernen Wien – der Verkehr brandet an dir vorbei.

5. RUNDGANG: KLASSIK UND BIEDERMEIER

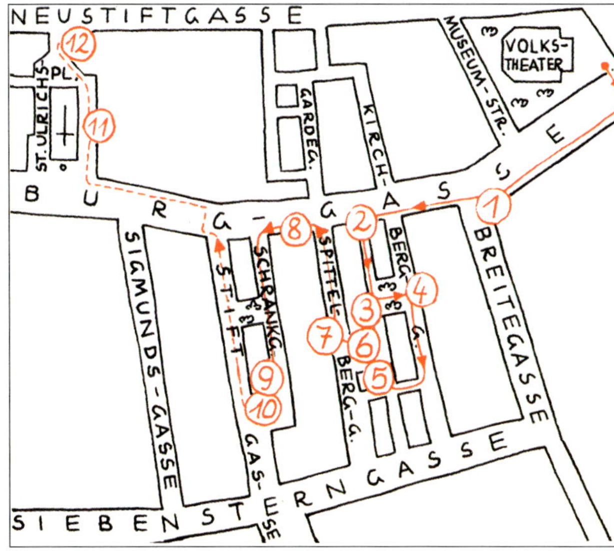

DER SPITTELBERG

Ausgangspunkt: Wien 7, Volkstheater

Verkehrsmittel: U 2, U 3, Straßenbahnlinie 49, Autobuslinie 48A

Wenn du den Spittelberg im 7. Bezirk besuchst, hast du in den meisten Gassen das Gefühl, mit der Zeitmaschine in das alte Wien versetzt zu sein. Hier gibt es ein dichtes Straßennetz, viele alte Hauszeichen und winzige Höfe. Du kannst dir am Spittelberg gut vorstellen, wie es einmal in der Vorstadt ausgesehen hat.

Der Spittelberg müsste eigentlich Spitalberg heißen. Denn er hat seinen Namen von dem Wiener Bürgerspital bekommen, dem früher viele Grundstücke hier gehörten. Er ist ein wirklicher kleiner „Berg“ mit 20 Metern Höhe. In alter Zeit nutzten viele Angreifer diese erhöhte Lage und richteten vom Spittelberg aus ihre Kanonen gegen Wien.

Nach der zweiten Belagerung durch die Osmanen 1683 wurde der Spittelberg neu bebaut. Aus dieser Zeit stammen die Barockhäuser mit ihren geschwungenen Verzierungen und den vielen Heiligendarstellungen. Um 1800 und in der Biedermeierzeit wurden viele Häuser umgestaltet und neu gebaut. Du erkennst die Biedermeierhäuser an ihrer schlichten, anmutig gegliederten Fassade.

Das kleinste Haus von Wien in der Burggasse.

Unser Rundweg beginnt in der Burggasse Nr. 3 beim kleinsten Haus von Wien (**1**). Es entstand 1872, also zur Ringstraßenzeit, als man jedes freie Plätzchen ausnutzte. Früher hieß das Haus „Zur grünen Weintraube“ oder auch „Zum goldenen Lamm“. Du gehst ein Stückchen die Burggasse entlang. Haus Nr. 11 ist ein Biedermeierhaus mit dem klingenden Namen „Zum goldenen Dattelbaum“ (**2**). Das Barockhaus Burggasse Nr. 13 hat den Namen „Zum heiligen Josef“. Die Heiligenfigur aus Stein steht noch in einer Nische.

Du biegst in die Gutenberggasse ein und gelangst in die verrufenste und gefährlichste Gasse der Biedermeierzeit. Damals befanden sich hier zahlreiche Wirtshäuser, in denen freche Lieder gesungen und Unmengen von Bier getrunken wurden. Junge Mädchen boten Männern gegen Bezah-

Der „weiße Löwe" vom Spittelberg, Gutenberggasse 13.

lung ihre Liebesdienste an. Heute gibt es hier schöne Restaurants und moderne Wohnungen hinter alten Fassaden.

Besonders schön sind die Biedermeierhäuser Gutenberggasse Nr. 28, alter Hausname „Zum Küss-den-Pfennig", Nr. 25 „Zum Walfisch", Nr. 21 „Zum weißen Stern" und Nr. 19 „Zum goldenen Fassel" (**3**). Durch den kleinen Park gegenüber von Nr. 21 kommst du in die Kirchberggasse. Das lang gezogene, schmucklose Barockhaus Nr. 14 führt das Hauszeichen „Zu den drei großen Kronen". Auf einer Bronzetafel ist die heilige Maria mit drei Kronen dargestellt (**4**). Kirchberggasse Nr. 17 wurde im Biedermeier erbaut, die Häuser Nr. 15, 13 und 11 sind weitaus älter, sie stammen aus der Bauzeit unmittelbar nach der zweiten Türkenbelagerung.

Bei Kirchberggasse Nr. 13 kehrst du über einen Durchgang wieder in die Gutenberggasse zurück. Gleich an der Ecke schaut ein mächtiger barocker Löwe aus Stein in die Gegend (**5**). In diesem Haus befand sich das berüchtigte Wirtshaus „Zum weißen Löwen", in dem es immer besonders hoch herging. Das wilde Treiben ärgerte einmal Kaiser Josef II. so sehr, dass er unerkannt auf den Spittelberg eilte, um es abzustellen. Doch die resolute Wirtin mit dem Namen Sonnenfels-Waberl warf den Kaiser einfach zur Gasthaustür hinaus. In der Gaststube erinnert noch heute ein Spruch an diese Begebenheit im Jahre 1778: „Durch dieses Thor im Bogen ist Kaiser Josef II. geflogen."

Wiener „Pawlatschenhof", Gutenberggasse 17.

Du gehst einige Meter die Gutenberggasse hinunter. Eines der schönsten Biedermeierhäuser am Spittelberg ist Gutenberggasse Nr. 17 mit dem Hausnamen „Zum schwarzen Elephant". Du kannst um das Haus herumgehen und in einen alten Wiener Hof blicken: Bei jedem Stockwerk läuft ein offener Gang aus Holz herum, von dem aus die Leute ursprünglich ihre Wohnungen betreten haben. Die Wiener sagen zu dieser Art Gang „Pawlatsche" (**6**).

Weiter geht es in die Spittelberggasse, in der du fast ausschließlich alte Häuser siehst. Nr. 9 hieß „Zur Kohlkreunze" und ist köstlich bemalt (**7**). Bei Nr. 11, „Zu den zwei goldenen Kreuzen", gibt es wieder die Möglichkeit, in einen Pawlatschenhof hineinzuschauen. Im 1. Stock steht eine barocke Marienfigur. Die Häuser auf der rechten Seite tragen heute wieder ihre alten Hausnamen, die du selber entdecken kannst.

Auf dem kurzen Stück in der Burggasse (Ecke Spittelberggasse) triffst du auf das Hauszeichen „Zum schwarzen Mohren" (**8**). Hier befand sich jahrhundertelang ein Bäckerladen. Weiter geht es in die Schrankgasse. Wenn du Glück hast, ist bei Nr. 3 die Türe offen und du siehst einen winzigen

Pawlatschenhof mit einer schönen barocken Heiligenfigur im 1. Stock (**9**). Dieses Haus „Zum heiligen Vinzenz" hat einen wunderbar gestalteten Haupteingang in der Stiftgasse Nr. 10, wo du noch vorbeikommen wirst.

Der 200 Jahre alte Weinstock im Amerlinghaus, Stiftgasse 8.

Nun umrundest du ein großes Gebäude, das Amerlinghaus (**10**). Hier wurde der berühmte Wiener Maler Friedrich Amerling geboren. Früher hieß es „Zu den drei Herzen". Ein 200 Jahre alter Weinstock wuchert im Hof über die Pawlatschen. Im ersten Stock gibt es im Bezirksmuseum ganz besondere Dinge zu bestaunen: Webstühle aus der Biedermeierzeit, die noch betriebsfähig sind, erzählen von der Vergangenheit. In dieser Gegend arbeiteten früher viele Männer, Frauen und Kinder an diesen großen hölzernen Apparaten, um Borten und Stoffe herzustellen.

Wer will, kann gleich in die Straßenbahnlinie 49 in der Siebensterngasse einsteigen und nach Hause fahren. Für ganz Neugierige lohnt sich noch ein Abstecher zum stimmungsvollen Sankt-Ulrichs-Platz, auf dem eine „Miniausgabe" der Pestsäule aufgestellt ist und das zauberhafte Barockhaus „Zu den zwölf Jahreszeiten" steht (**11**). Auf den Turm der Ulrichskirche soll 1683 während der zweiten Belagerung durch die Osmanen Großwesir Kara Mustafa mehrmals hinaufgestiegen sein, um die belagerte Stadt Wien zu beobachten. Hier in der Nähe lag während der Pestzeit die große Grube, in die der Sage nach der „Liebe Augustin" von den Pestknechten hineingeworfen wurde.

Den Ulrichs-Platz geht es hinunter zur Neustiftgasse. An der Einmündung zur Neustiftgasse ist das Hauszeichen „Zur goldenen Weintraube" noch gut zu erkennen (**12**). Auf dem Platzerl davor plätschert Wasser aus einem Auslaufbrunnen wie zur Biedermeierzeit.

Das Haus „Zur goldenen Weintraube", Neustiftgasse 27.

IM SCHUBERT GEBURTSHAUS

Anschrift: Wien 9, Nußdorfer Straße 54

Verkehrsmittel: Straßenbahnlinien 37, 38

Als Franz Schubert im Jänner 1797 hier auf die Welt kam, hieß das Haus „Zum roten Krebsen" und die Nußdorfer Straße noch „Obere Hauptstraße". Eine rote Marmortafel neben der Eingangstür erinnert an die alte Hausnummer 72 der Vorstadt Himmelpfortgrund. Klein und geduckt steht heute Schuberts Geburtshaus zwischen den neuen Gebäuden.

Vor über 200 Jahren gingen durch das schön gebogene Eingangstor viele Kinder ein und aus: Denn im Erdgeschoss – gleich rechts, wenn du hineinkommst – befand sich damals eine Schule.

Es waren arme Kinder, die der Vater Schubert hier unterrichtete. Viele von ihnen liefen bloßfüßig umher und mussten nach dem Unterricht schwer arbeiten. Weiters wohnten im kleinen Haus „Zum roten Krebsen“ insgesamt 16 Familien mit ihren Kindern. Die Wohnungen betrat man vom offenen Gang, der so genannten Pawlatsche, und sie bestanden immer nur aus Küche und Zimmer. Das Wasser holten sich die Menschen vom Brunnen im Hof, der noch erhalten ist.

Die Lehrerfamilie Schubert lebte im 1. Stock, wenn du die Stufen hinaufgehst, gleich geradeaus. Zuerst gelangst du in die ehemalige Küche, die heute ein Museum ist. Damals wurde auf offenem Feuer gekocht. Oft qualmte das Feuer und der schwarze Ruß klebt heute noch an den Wänden. In dieser Rauchküche, so wird erzählt, soll Franz Schubert geboren worden sein.

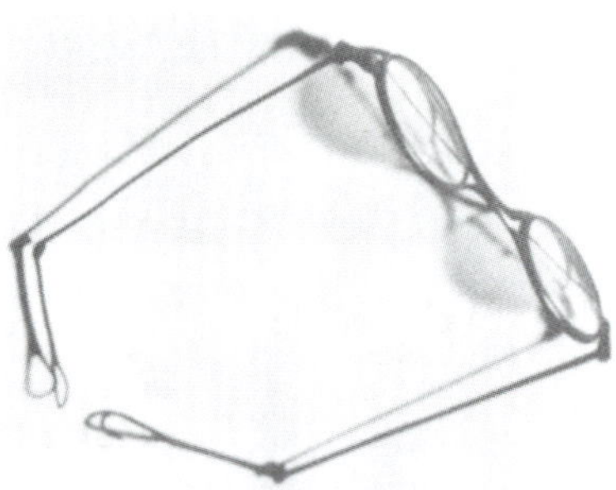

Die Brille von Franz Schubert.

Das Wohnzimmer daneben war damals mit Betten, Kästen, Tisch und Sesseln für die kinderreiche Familie angeräumt. Heute ist das Zimmer als Gedenkraum eingerichtet.

In den weiteren Räumen des Hauses sind Bilder und Gegenstände, die von Franz Schubert stammen oder über ihn erzählen, zu sehen. Von den ausgestellten Musikinstrumenten stammt nur eines wirklich aus dem Besitz des Tonkünstlers: Es ist eine Gitarre, die ihm ein Freund geschenkt hat. Auch seine einfache Brille, die er Tag und Nacht getragen hat, wird gezeigt. Sie ist besonders wertvoll.

Heute ist dieses Haus ein Museum. Aber du kannst dir die frühere Einrichtung in Erinnerung rufen und vorstellen, wie Franz Schubert als Kind hier vor ungefähr 200 Jahren gelebt hat.

Der Innenhof des Geburtshauses von Franz Schubert. Vom Brunnen (rechts im Bild) holten sich die Familien das Wasser.

6. RUNDGANG: RING-RUNDFAHRT AUF DER WIENER PRACHTSTRASSE

Ausgangspunkt: Wien 1, Opernkreuzung

Verkehrsmittel: U 1, U 2, U 4, Straßenbahnlinien 1, 2, D, J, 62, 65, Autobuslinie 59A

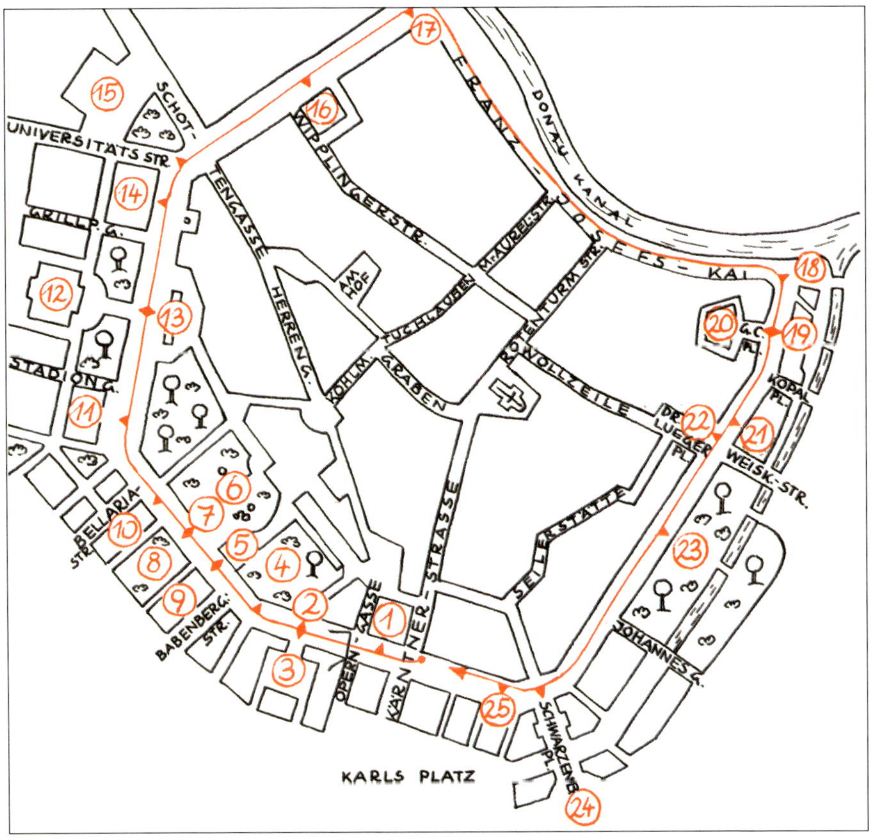

Am schönsten ist es, die Ringstraße abzufahren. Wenn du groß genug bist, kannst du den Radweg in den Nebenfahrbahnen benutzen. Ursprünglich – vor ungefähr 130 Jahren – waren sie für die Reiter bestimmt. Heute würdest du zu Pferd bestimmt sehr auffallen. Mit dem „Drahtesel" bist du aber in guter Gesellschaft und es zahlt sich aus, das Gebiet des ehemaligen Glacis mit seinen Ausläufern genau zu erforschen. Am bequemsten ist es natürlich mit der Straßenbahn. Man fährt rundherum und kann den Blick nach allen Seiten schweifen lassen.

Ein guter Beginn für die Rundfahrt ist die Staatsoper (**1**), das quirlige

Die Staatsoper war als erster Bau der Ringstraße vollendet.

Maria-Theresien-Denkmal und Naturhistorisches Museum.

Das „Denkmal der Republik" mit den drei Büsten Jakob Reumann, Victor Adler, Ferdinand Hanusch.

Zentrum der Ringstraße. Hier kreuzt sich die Prachtstraße mit der über 2.000 Jahre alten Handelsstraße, der Kärntner Straße, die von Wien über Kärnten nach Italien zum Meer führte. An diesem Ort steigst du in die Straßenbahnlinie 1 Richtung Schottenring ein.

OPERNRING, BURGRING UND DR.-KARL-RENNER-RING

Schon geht es rasch vorbei an der ehemaligen „k. k. Hofoper", dem ältesten Gebäude auf der Ringstraße. Es steht zur Hälfte über dem alten Stadtgraben und zum Teil auf Resten der Stadtmauer. Die beiden Architekten Eduard van der Nüll und August Siccard von Siccardsburg zeichneten die Pläne für die Oper. Dabei übernahmen sie einige Stilelemente aus der Renaissance. Doch bekamen die Architekten nicht nur Lob für ihre Entwürfe, sondern ernteten auch böse Kritik, die sich van der Nüll so zu Herzen nahm, dass er seinem Leben selbst ein Ende setzte. Im Jahre 1869 wurde das Haus mit einer Oper von Wolfgang Amadeus Mozart feierlich eröffnet. Im Inneren ist der Bau prächtig ausgestattet und am Abend spielen im Orchestergraben die berühmten Wiener Philharmoniker.

Auf das Treiben der Ringstraße schaut würdig der Dichter Johann Wolfgang von Goethe (**2**), ihm gegenüber steht sein Zeitgenosse Friedrich von Schiller (**3**). Nach dem Goethe-Denkmal folgt der Burggarten (**4**), in dem während der Monarchie – im Gegensatz zum nahen Volksgarten – nur der Kaiser und seine Familie spazieren durften.

Das anschließende mächtige Gebäude gehört zum riesigen Hofburgkomplex. Diese „Neue Burg" (**5**) wurde zur Ringstraßenzeit angelegt und sollte zu Ehren des Kaisers besonders prächtig werden. Heute sind darin Museen und die Österreichische Nationalbibliothek untergebracht.

Auf dem Heldenplatz (**6**) haben zwei bekannte österreichische Feldherren Denkmäler erhalten: Erzherzog Karl und Prinz Eugen, beide hoch zu Ross. Bei dem Pferd von Erzherzog Karl ist dem Bildhauer Anton Dominik Fernkorn ein besonderes Kunststück gelungen: Das gewaltige Gewicht des Denkmales ruht nur auf den kleinen Hinterhufen. Trotzdem hält es seit über 150 Jahren das Gleichgewicht.

Das Burgtor (**7**) wurde in der Biedermeierzeit errichtet und zu einem Heldendenkmal umgestaltet. Genau gegenüber liegt das größte Denkmal der Ringstraße, das Maria-Theresia-Denkmal (**8**). Zu Füßen der auf einem Thron sitzenden Herrscherin sind ihre Berater dargestellt, darunter ihr Staatskanzler, ihre bedeutendsten Feldherrn und ihre Mitarbeiter, die zahlreiche Reformen vorbereiteten. Unter ihnen befinden sich ihr

Leibarzt, der berühmte Mediziner Gerhard van Swieten, und Joseph Freiherr von Sonnenfels, der die Abschaffung der Folter durchsetzte. An der Ausführung dieses Denkmals hat der Bildhauer Kaspar von Zumbusch 13 Jahre lang gearbeitet. Es fiel so riesenhaft aus, weil es sich zwischen den wuchtigen Bauten des Kunsthistorischen Museums (**9**) und des Naturhistorischen Museums (**10**) behaupten musste.

Vorbei am „Denkmal der Republik" siehst du schon die Säulenreihen des Parlaments (**11**). Die Idee der Demokratie, der Volksherrschaft, stammt aus der Antike, und so hat der Erbauer des Parlaments, Theophil Hansen, einiges vom Baustil jener Zeit übernommen. Der große Brunnen vor der Rampe ist mit dem Standbild der Pallas Athene, der griechischen Göttin der Weisheit und Gerechtigkeit, geschmückt. Das Parlamentsgebäude wurde 1883 fertig gestellt. Wenn am Fahnenmast die Flaggen aufgezogen sind, tagen gerade die 183 Abgeordneten des Nationalrates oder die Bundesräte im Parlament. Hier werden die Gesetze beschlossen.

Der Schlosser Alexander Nehr mit dem Rathausmann auf der Turmspitze.
(Foto, 1882)

DR.-KARL-LUEGER-RING UND SCHOTTENRING

Gleichzeitig mit dem Parlament wurde auch das Rathaus (**12**) fertig gestellt. Es ist dem „gotischen Stil" nachempfunden und wurde vom damaligen Dombaumeister Friedrich Schmidt entworfen. Beim Bau – so wird erzählt – wünschte Kaiser Franz Joseph, dass der Rathausturm die Türme der nahen Votivkirche nicht überragen dürfe. Deshalb ist der Turm des Rathauses um einen Meter niedriger. Doch ließ ein Schlossermeister als Geschenk für die Stadt Wien einen mächtigen Bannerträger anfertigen, der 1882 als Rathausmann auf die Spitze des Turms kam. Die Figur ist ohne Fahnenstange 3,40 Meter hoch. Und so überragt das Rathaus doch die Votivkirche.

Vor dem Rathaus breitet sich der Rathauspark mit alten seltenen Bäumen, zum Beispiel einem Ginkobaum, aus. Viele Denkmäler gibt es hier zu entdecken. Eine verkleinerte Nachbildung des Rathausmannes ist am Rathausplatz aufgestellt. Zur Adventzeit verwandeln sich Platz und Park in einen großen Christkindlmarkt.

Die Wiener Universität, die größte deutschsprachige Universität.

Dem Rathaus gegenüber liegt das Burgtheater (**13**). Vor seiner Errichtung befand sich hier die so genannte Löwelbastei. Zur Erinnerung daran ist in der linken Durchfahrt des Burgtheaters ein Quaderstein mit der Jahreszahl 1544 aus der Löwelbastei eingesetzt.

Die nächste Station „Schottentor" heißt nach dem alten Stadttor der ehemaligen Befestigungsanlage. Die Universität (**14**) hat Heinrich Ferstel entworfen, von ihm stammt auch die Votivkirche (**15**). Für jedes Gebäude

1953–1955 entstand der Ringturm. Er besitzt 23 Stockwerke.

nahm Ferstel eine andere Epoche und ein anderes Land als Vorbild: So hat die Universität eine Ähnlichkeit mit der italienischen Renaissance und die Votivkirche ist in der Art der französischen Gotik errichtet. Der Bau der Votivkirche begann zu einer Zeit, in der noch die Stadtmauern standen. Ausnahmsweise genehmigte damals das Militär das Gebäude auf dem Glacis vor dem Schottentor. Die Kirche wurde nämlich zum Dank für das Misslingen eines Attentats auf Kaiser Franz Joseph I. im Jahre 1853 gestiftet. Ein Schneider war mit einem Messer auf den Kaiser losgegangen, konnte aber von dem Begleiter des Kaisers und einem Wiener Bürger, dem Fleischhauer Josef Ettenreich, zurückgehalten werden. Der Attentäter wurde noch im gleichen Jahr bei der Spinnerin am Kreuz hingerichtet.

Die Börse am Schottenring (**16**) wurde vom Erbauer des Parlaments, dem Architekten Theophil Hansen, geplant. Am Ende der Ringstraße steht plötzlich ein „schlanker Riese", der so genannte „Ringturm" (**17**). Er ist nach dem Zweiten Weltkrieg von einer Wiener Versicherung auf einem bombenzerstörten Platz aus Stahl und Stein aufgestellt worden. Als „echter Ringstraßenbau" hat auch er ein Vorbild: das moderne Bürohochhaus aus Amerika. Der Ringturm sollte einen markanten Abschluss der Ringstraße bilden, einen Eckpfeiler der Innenstadt gegen den Kai.

Du biegst jetzt in den Franz-Josefs-Kai entlang des Donaukanals ein. Er verbindet die Ringstraße, die eigentlich kein Ring ist, sondern mehr die Form eines Hufeisens hat.

Den anderen Eckpfeiler der Ringstraße bildet die Urania (**18**). Du erkennst sie an ihrer typischen Kuppel, in der eine Sternwarte untergebracht ist. Die Urania war als „wissenschaftliches Theater" gedacht und wurde im Jahre 1910 eröffnet. Heute finden hier Vorträge und Filmvorführungen statt. Auch ein Kasperltheater hat sich einquartiert.

Das Haus der Österreichischen Postsparkasse von Otto Wagner.

STUBENRING

Knapp vor dem Ersten Weltkrieg wurde das pompöse Gebäude des Kriegsministeriums (**19**) errichtet. Davor steht das Radetzky-Denkmal. Johann Josef Wenzel Graf Radetzky war im 19. Jahrhundert Feldmarschall und Oberbefehlshaber der österreichischen Armee in Norditalien, das damals noch zu Österreich gehörte. Doch blick schnell nach rechts, denn etwas versteckt lugt einer der berühmtesten Bauten von Otto Wagner hervor: das Österreichische Postsparkassenamt (**20**). Schon von außen wirkt die Sparkasse durch die Granit- und Marmorplatten mit den auffallenden Nieten sicher und Vertrauen erweckend. Sie vermittelt das

Gefühl, dass das Geld bei ihr gut verwahrt wird. Otto Wagner hat in den Jahren 1904 bis 1906 mit der Postsparkasse das erste moderne Gebäude an der Ringstraße geschaffen. Sein Wahlspruch lautete: „Die Notwendigkeit allein ist die Herrin der Kunst." Die Gestaltung jedes einzelnen Details wurde von seiner Funktion bestimmt. Wenn du Lust und Zeit hast, besichtige auch den einmaligen Kassensaal der Postsparkasse.

Am Ende des Stubenringes befindet sich ein sehr früher Ringstraßenbau, das Österreichische Museum für angewandte Kunst (**21**). Der Stubenring heißt nach dem ehemaligen Stubentor der Stadtbefestigung. Dieser Name könnte auch von den vielen „Badestuben", die sich im Mittelalter hier befunden haben, abgeleitet werden. Beim Abgang der modernen U-Bahn-Station Stubentor am Dr.-Karl-Lueger-Platz (Linie U 3) wurde ein Teil der alten Stadtmauer wieder ausgegraben und sichtbar gemacht (**22**).

PARKRING, SCHUBERTRING UND KÄRNTNERRING

Der Stadtpark (**23**) bildet eine kleine grüne Insel im Verkehrsmeer der Innenstadt. Schon im alten Wien erholten sich hier – am damaligen Wasserglacis – die Bewohner bei einem Glas frischer Ziegenmilch oder einem Glas Mineralwasser. Beim Bau der Ringstraße wurde der Stadtpark gestaltet, ein kleiner Rundgang lohnt sich. Vielen Künstlern, zum Beispiel Franz Schubert, Johann Strauß und Hans Makart, wurde hier ein Denkmal errichtet. In der Nähe des Wienflusses befindet sich der Donauweibchen-Brunnen. Die verführerische Donaunixe – so berichten einige Sagen – soll vielen Männern den Kopf verdreht und sie in ihr Wasserreich gezogen haben.

Im Wiener Stadtpark: Erholungsgebiet mitten in der Stadt.

In der nächsten Kurve des Ringes zweigt der Schwarzenbergplatz ab. Die Wasserfontäne des Hochstrahlbrunnens (**24**) leuchtet am Abend in verschiedenen Farben. Anlässlich der Vollendung der 1. Wiener Hochquellenleitung wurde im Jahre 1873 dieser Brunnen errichtet und mit Gebirgswasser gespeist.

Wieder direkt an der Ringstraße liegt das berühmte Hotel „Imperial" (**25**), das vor allem bei Staatsbesuchen von prominenten Gästen benützt wird. Ursprünglich gehörte es einem Adeligen. Es wurde erst später aufgestockt und in ein luxuriöses Hotel umgewandelt. Das „Imperial" stellt ein typisches Ringstraßenpalais dar.

Bei der Oper schließt sich der Ring und die Rundfahrt kann von neuem beginnen.

7. RUNDGANG: JUGENDSTIL UND GEMEINDEBAUTEN

Dieser Rundgang zeigt dir zwei verschiedene Architekturrichtungen, die bis heute in der Welt bestaunt werden. Der erste Weg führt dich in die Zeit um 1900. Damals war Wien die fünftgrößte Stadt der Welt. Ständig nahm die Bevölkerung zu. Die Architekten planten für die Zukunft eine elegante, prächtige Stadt für viele Millionen Menschen. Flüsse wurden teilweise unter die Erde verlegt, um mehr Verkehrsflächen zu schaffen. Moderne Massenverkehrsmittel wie die Stadtbahn (heute U 4 und U 6) wurden gebaut.

Im zweiten Teil geht es ebenfalls um etwas Neuartiges. Die Gemeinde Wien begann nach dem Ersten Weltkrieg einen eigenen Weg des menschengerechten Städtebaus einzuschlagen: Um sonnige und grüne Innenhöfe errichtete sie moderne und gesunde Wohnungen. Durch den gemeinsamen Hof sollte die Zusammengehörigkeit gestärkt werden.

Drei Eulen an der Außenwand der Secession.

WIENER JUGENDSTIL-SPAZIERGANG

Ausgangspunkt: Karlsplatz

Verkehrsmittel: U 1, U 2, U 4, Straßenbahnlinien 62 und 65, Autobuslinie 4A

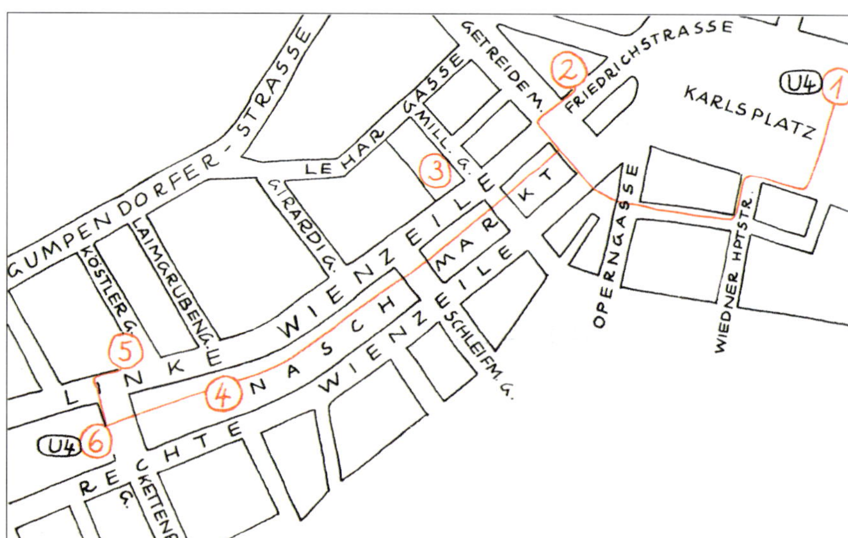

Ein schöner Beginn ist der Karlsplatz. Vor etwas mehr als 100 Jahren floss hier der Wienfluss noch in einer Aulandschaft dahin. Kaum zehn Jahre

Stadtbahnstation Karlsplatz von Otto Wagner.

Die Secession mit der vergoldeten Kuppel aus Lorbeerblättern.

Die „Ruferinnen“ am Dach des Otto-Wagner-Hauses.

später, zur Wende zum 19. Jahrhundert, verbannten die Stadtplaner den Fluss unter die Erde. Gemeinsam mit der Wienflussregulierung wurde die Stadtbahn gebaut. Sie stampfte, von Dampflokomotiven gezogen, damals durch die Tunnel.

Am Karlsplatz sind die beiden zauberhaften Stationshäuser (**1**) erhalten geblieben. Ihr Architekt, Otto Wagner, zeigte sich als Bautechniker und Künstler. Einerseits sind die beiden gegenüberliegenden Häuschen sehr praktisch konstruiert: Du kannst deutlich das Eisenskelett erkennen, in dem die Marmorplatten verankert sind. Andererseits schmückte sie Wagner mit seinem Lieblingsmotiv beim Stadtbahnbau, der Sonnenblume.

Die Künstler des Jugendstils liebten Pflanzen, bildeten sie nach und formten aus ihnen wunderbare Gebilde. Das nächste Gebäude, das du aufsuchst, besitzt gar eine vergoldete Kuppel aus 700 Beeren und über 3.000 Lorbeerblättern: die Secession (**2**). Du erreichst sie über den Resselpark, an dessen Rand sich die Karlskirche und die Technische Universität befinden. Dann querst du die Wiedner Hauptstraße, gehst zwischen den neuen Universitätsgebäuden durch und kommst über die Operngasse und den Bärenmühldurchgang ans Ziel.

Der Name Secession stammt von einer Gruppe junger Künstler, die den Bau für ihre Ausstellungen errichten ließ. „Secession“ kommt aus der lateinischen Sprache und heißt so viel wie „auswandern“. Die Künstler wollten damals, zur Jahrhundertwende, mit ihren Ideen und Gedanken in

Beethovenfries von Gustav Klimt: das drohende Ungeheuer und der zur Hilfe bereite goldglänzende Ritter.

ein neues Traum- und Gedankenreich wandern. Über der Eingangstüre der Secession brachten sie ihren Wahlspruch an: DER ZEIT IHRE KUNST, DER KUNST IHRE FREIHEIT.

Joseph Maria Olbrich war der führende Entwerfer dieses würfelförmigen Gebäudes mit der Lorbeerkuppel. Die Wiener schüttelten den Kopf und gaben dem Haus sofort einen Spitznamen: das „goldene Krauthappel".

Wenn du Zeit hast, besuche es in seinem Inneren. Im Untergeschoss, einer Art Krypta, findest du ein einmaliges Kunstwerk jener Zeit: den so genannten Beethovenfries. Gustav Klimt hat dieses Wandbild von fast 30 Metern Länge im Jahre 1902 für eine Ausstellung in der Secession gemalt. Er wählte dafür Beethovens 9. Sinfonie und setzte einige Gedanken in Bilder um. Am Ende von Beethovens Sinfonie singt ein Chor: „Alle Menschen werden Brüder." Doch bis dorthin ist es ein langer Weg.

Viel Böses in der Welt – Gustav Klimt versinnbildlichte es zum Beispiel durch das riesige glotzende Ungeheuer – muss überwunden werden. Die Sehnsüchte und Träume können den Menschen dabei helfen. Klimt hat sie als Frauen am oberen Bildrand gezeichnet, die zur Kunst schweben.

Für die schwachen Menschen setzt sich eine hell glänzende Rittergestalt ein. Die zwei schönen Frauengestalten – sie verkörpern das „Mitleid" und den „Ehrgeiz" – bewegen ihn zu seinen Taten. Der Fries führt uns im Schlussbild in das ideale Reich, in dem wir reine Freude, reines Glück und reine Liebe finden. Der Beethovenfries ist direkt auf den Verputz gemalt und zusätzlich mit schönen Steinen, Ringen, Blattgold, Perlmutter und Glas verziert. Der Maler Gustav Klimt gehörte ebenso zur Künstlergruppe „Secession" wie der Architekt Otto Wagner.

Unser nächstes Ziel sind die berühmten drei Wienzeile-Häuser von Otto Wagner. Auf unserem weiteren Weg dorthin kommst du am Theater an der Wien (**3**) vorbei. Dann kannst du im bunten Getriebe des Naschmarkts (**4**) untertauchen. Der gesamte Naschmarkt befindet sich über dem eingewölbten Wienfluss und dem Tunnel der ehemaligen Stadtbahn und heutigen U-Bahn. Am Ende, bei der Kettenbrückengasse, gibt es jeden Samstag einen Flohmarkt.

Die Häuser auf der Linken Wienzeile/Ecke Köstlergasse (**5**) geben eine Vorstellung von der fast märchenhaften Pracht, die sich Otto Wagner für die neue Großstadt erträumt hat. Das Eckhaus Linke Wienzeile Nr. 38 hat vergoldete Stuckteile und über dem Dachrand befinden sich ebenfalls vergoldete Figuren, die so genannten „Ruferinnen“. Das Nebenhaus in der Köstlergasse wirkt von außen unscheinbarer, aber das Haus Linke Wienzeile Nr. 40 wieder besonders aufwändig. Die Fassade wurde mit Keramikplatten – so genannten Majolikaplatten – verkleidet. Bewegte Pflanzenmotive überziehen wie ein Gespinst das Haus. Du bist jetzt gleich in der Nähe der U-Bahn-Station Kettenbrückengasse (**6**), die ebenfalls von Otto Wagner errichtet worden ist.

Wenn du Lust hast, kannst du hier in die U-Bahn Richtung Heiligenstadt einsteigen und zwei Stationen bis „Stadtpark“ fahren. Dieses Stationsgebäude wird dir im Stil bekannt vorkommen, denn du bist inzwischen ein Fachmann für die Gebäude von Otto Wagner geworden. Zum Abschluss unseres Jugendstil-Rundganges kannst du dir anschauen, wie der Wienfluss aus seinem dunklen „Gefängnis“ beim Stadtpark wieder herauskommt.

Bekannte Architekten planten die Wienfluss-Öffnung beim Stadtpark.

DER SOZIALE WOHNBAU DER ZWISCHENKRIEGSZEIT

In Wien gibt es so viele interessante Gemeindebauten aus jener Zeit, dass du sicher selbst in der Nähe deiner Wohnung einen aufsuchen kannst. Die Zeit seiner Errichtung wird auf der Fassade immer genau angegeben. Jeder Bau trägt einen eigenen Namen. Für besonders quirlige StadtforscherInnen gibt die folgende Liste eine Auswahl zum Anschauen:

Rabenhof (1925–1928 erbaut), 3., Baumgasse 29–41
Metzleinstaler Hof (1919–1925), 5., Margaretengürtel 90–98
Reumannhof (1924–1926), 5., Margaretengürtel 100–110
George-Washington-Hof (1927–1930), 10. und 12., Untermeidlinger-Straße (bei Spinnerin am Kreuz) und Wienerbergstraße
Fuchsenfeldhof (1922–1925), 12., Längenfeldgasse 68
Sandleitenhof (1924–1928), 16., Sandleitengasse 43–51
Karl-Marx-Hof (1927–1930), 19., Heiligenstädter Straße 82–92
Karl-Seitz-Hof (1926–1931), 21., Jedleseer Straße 66–94

Die berühmteste Wohnanlage ist der Karl-Marx-Hof, der nach den Plänen des Architekten Karl Ehn erbaut wurde. Dieser „Superblock“ weist eine Länge von 1.200 Metern auf und umfasst insgesamt 1.385 Wohnungen. Während des Bürgerkriegs im Jahr 1934 verschanzten sich Arbeiter in der stark umkämpften Wohnanlage.

Die UNO-City an der Donau und die U-Bahn Linie 1.

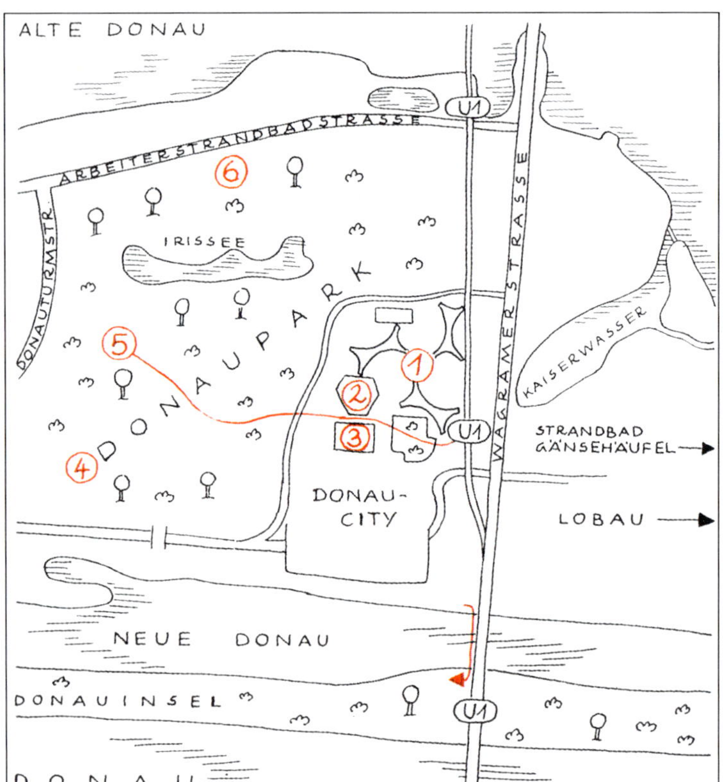

8. RUNDGANG: WIEN HEUTE

UNO-CITY UND DONAU-CITY

Ausgangspunkt: Wien 22, UNO-City

Verkehrsmittel: U 1, Station Kaisermühlen/ Vienna International Centre

Schon in der U-Bahn-Station Kaisermühlen ist das „Vienna International Centre“ angeschrieben. Gleich nebenan erheben sich die imposanten Türme, in denen verschiedene Amtsstellen der Vereinten Nationen ihren Sitz haben. Für die UNO-City (**1**) hat es einen großen internationalen Architektenwettbewerb gegeben, die Ausführung fiel dem österreichischen Architekten Johann Staber zu. Die Anlage besteht aus Y-förmigen Türmen, die bis zu 120 Meter hoch sind. Der gesamte Komplex wurde 1979 vollendet und von Österreich um den symbolischen Jahresmietzins von einem Schilling (umgerechnet 7,27 Cent) den Vereinten Nationen übergeben. Rund 3.800 Beamte aus 18 Nationen arbeiten hier.

Gleich nebenan befindet sich das Konferenzzentrum „Austria Centre Vienna“ (**2**), in dem bis zu zehn Tagungen gleichzeitig abgehalten werden können. Vor dem Eingang stehen in einem magischen Fünfeck riesige Granitsteine. Diese moderne Skulptur (**3**) hat der Bildhauer Gottfried Bechtold geschaffen. Er hat aus jedem Kontinent unserer Erde einen Stein ausgesucht. Die Steine, die in ihren Ursprungsländern viele tausend Kilometer voneinander entfernt waren, stehen nun in Wien nah beieinander und bilden gemeinsam ein neues Kunstwerk.

An die UNO-City schließt sich ein völlig neuer Stadtteil an: die so genannte Donau-

City mit ihren vielen turmartigen Hochhäusern. Der Andromeda-Tower – mit 110 Meter Höhe – und der Ares-Tower ragen besonders hervor. Die Namen der beiden Türme stammen aus der griechischen Sagenwelt der Antike: Andromeda war eine Königstochter, die sich rühmte, besonders schön zu sein. Über diese Eitelkeit ärgerte sich der Meeresgott Poseidon und schickte ihrem Land schwere Überschwemmungen und ein grausliches Ungeheuer noch dazu. Der mutige Held Perseus rettete aber Andromeda und die beiden heirateten. Den Namen Ares trug – so erzählt es die Sage – ein griechischer Gott. Ursprünglich zuständig für Sturm und Gewitter, wurde Ares aber im Laufe der Zeit zum Gott des blutigen und zerstörenden Krieges.

Ob durch diese Namensgebung der Wolkenkratzer die Gefahren von Wasser und Sturm von der Donau-City gebannt werden sollen? Immerhin liegen die beiden Tower zwischen den Gewässern der Neuen Donau und der Alten Donau. Auch kann der Wind dort ziemlich wild blasen. Zu den Türmen gehören der weitläufige Wohnpark Donau-City mit ungefähr 1.500 Wohnungen und das Tech-Gate Vienna.

DER DONAUPARK

Neben der modernen Donau-City erstreckt sich der herrliche Donaupark (**4**) mit vielen tollen Spielplätzen und erlebnisreicher Natur. Der Irissee gehört ausschließlich den Tieren und Pflanzen. Falls du selber baden gehen möchtest, wartet gleich in der Nähe der Strand der Neuen Donau mit einer besonderen Attraktion, der längsten Wasserrutsche von Europa, auf dich.

Die Donaupark-Bahn lädt zum Mitfahren ein.

Im Donaupark gibt es von Ostern bis Mitte Oktober auch die Möglichkeit, mit einer Art „Liliputbahn“ herumzufahren. Diese Donauparkbahn führt dich über die Stationen UNO-City, Rosengarten und Donauturm in einem großen Kreis durch die Gartenlandschaft.

Berühmte Gärtner haben im Jahr 1964 für die Internationale Gartenschau diese Zauberwelt aus Blumen, Bäumen und Wasser kunstvoll geschaffen. Besucher aus der ganzen Welt kamen damals nach Wien, um den Erholungspark zu bestaunen.

Unübersehbar ist unser nächstes Ziel: der Donauturm (**5**). Er ragt 252 Meter in die Luft und ist somit der höchste Turm von Wien. Mit einem Lift gelangst du auf die oberste Plattform, auf der sich ein Restaurant befindet. Wenn du oben bei einer Jause sitzt, zieht unter dir ganz langsam Wien vorbei. Imposant heben sich die neuen Wohn- und Bürotürme am Stadtrand vom Häusermeer ab.

Wenn du lieber am Boden bleibst, gibt es für dich am Rande des Donauparks noch eine unvermutete Überraschung: Auf einem kleinen, neu errichteten „Bauernhof" leben entzückende Zwerghühner, Gänse, Schafe, Ziegen und Pferde friedlich zusammen (**6**). Manche dieser Tiere haben ein spezielles Schicksal hinter sich wie zum Beispiel Flaumi, der prächtige Gänserich. Er wurde von einer Hühnermutter ausgebrütet und von einem Menschenvater aufgezogen, dem er auf das Wort folgt. Viele wahre Geschichten sind über die dort lebenden Tiere zu erfahren. Der Bauernhof und das angeschlossene große Vogelhaus gehören zum Wiener Stadtgartenamt, mit dem auch Führungen vereinbart werden können.

DAS HUNDERTWASSER-HAUS

Anschrift: Wien 3, Löwengasse 41–43; Straßenbahnlinie N

Vollkommen anders als eine moderne City am Stadtrand hat sich der bekannte Künstler Friedensreich Hundertwasser (1928–2000) das Wohnen der Menschen in der Stadt vorgestellt. Als Maler hat er viele Fantasiehäuser auf Leinwand oder Papier festgehalten. Hundertwasser wollte ein besonderes Haus erfinden, das von der Natur mitgestaltet wird. In Wien konnte er seinen Traum verwirklichen.

Für das Kunsthaus Wien dachte sich der Maler Hundertwasser eine Fassade aus bunten Fliesen und lebendigen Pflanzen aus. (© Kunsthaus Wien)

Der Künstler verriet selbst seine Vorstellungen: „Die einen sagen, die Häuser bestehen aus Mauern, ich sage, die Häuser bestehen aus Fenstern." Die Türmchen mit den Zwiebelhelmen erinnern ein bisschen an ein Märchenschloss. Die Wiener nennen das Gebäude in der Löwengasse auch die „Bio-Burg". Die 1985 fertig gestellte Wohnhausanlage ist sicherlich die bunteste in ganz Wien. Vielleicht ist es ein Jahrhunderthaus geworden, das Haus vom Hundertwasser.

Die Bauten nach den Vorstellungen von Friedensreich Hundertwasser kannst du in Wien mit dem Hundertwasserschiff anfahren: Auf der Donau geht es zum Fernheizwerk in der Spittelau, dann zum Hundertwasser-Haus und zum Abschluss zum Kunsthaus Wien, das sich in unmittelbarer Nähe in der Unteren Weißgerberstraße 13 befindet. Dort kannst du seine Bilder und andere Werke, wie zum Beispiel Briefmarkenentwürfe, sehen. Die Fassade des Kunsthauses ist ganz im Stil von Hundertwasser verkleidet – als sein kulturelles Wahrzeichen. Es wurde 1991 eröffnet.

DIE WOTRUBA-KIRCHE

Anschrift: Wien 23, St. Georgenberg; Straßenbahnlinie 60, Autobuslinie 60A

Einsam am St. Georgenberg steht eine Kirche aus lauter aufeinander und ineinander geschachtelten Betonblöcken. Es gibt kein Vorne und kein Hinten. Sie sieht vollkommen anders aus, als man sich bisher ein Gotteshaus gedacht hat. Der Bildhauer Fritz Wotruba hat diese Kirche „Zur Heiligsten Dreifaltigkeit" entworfen. Im Jahre 1976 wurde sie geweiht. Sie stellt kein Haus, keine Halle und keinen üblichen Bau dar, sondern sie ist ein Zeichen, eine riesengroße Skulptur, in die du hineingehen kannst.

DAS HOLLEIN-HAUS

Anschrift: Wien 1, Stock-im-Eisen-Platz; U 1, U 3, Autobuslinien 1A, 2A, 3A

An der markantesten Stelle von Wien wurde – mit großer Aufregung unter der Bevölkerung – im Jahr 1990 ein neues Haus fertig gestellt. Hans Hollein, der Architekt und Designer, zeichnete die Pläne und kümmerte sich um jedes kleinste Detail der Ausführung. In seine Planung bezog er die Gestaltung des Stock-im-Eisen-Platzes und des Stephansplatzes mit ein. Zwischen den beiden Plätzen war in alter Zeit nur ein schmaler Durchgang gewesen. Um diese Trennung wieder anzudeuten, setzte er ein turmartiges Element an sein Haus.

Die Wotruba-Kirche in Mauer gleicht einer großen begehbaren Plastik.

Das Hollein-Haus am Stephansplatz.

DER MILLENNIUM-TOWER

Anschrift: Wien 20, Handelskai 94–96

Verkehrsmittel: U 6; Schnellbahn S1, S2, S3, S15, S45, R15 und R30; Autobuslinien 5A, 11A und 35A

Das Jahr 2000 unserer Zeitrechnung wurde vor einigen Jahren besonders gefeiert. Als ein herausragendes Zeichen entstand das größte Hochhaus von Österreich: der Millennium-Tower. Er ragt 202 Meter in die Höhe, angesiedelt gleich am Ufer des breiten Hauptstroms der Donau im Wiener Bezirk Brigittenau. Sein Name „Millennium" heißt übersetzt „Jahrtausend", und bei seinem Bau wurden neue zukunftsweisende technische Maßstäbe gesetzt. Sein Skelett besteht aus Stahl, das anschließend mit Beton ausgegossen wurde.

Der höchste Wolkenkratzer von Wien ist der MILLENNIUM-TOWER an der Donau. Er wurde in kürzester Zeit in modernster Bautechnik errichtet.

Dem Millenium-Tower konnte man beim Wachsen zuschauen. Pro Woche kamen bei guten Wetterbedingungen bis zu zwei Stockwerke des Gebäudekerns dazu. Während die Decken eines Stockwerkes gebaut wurden, konnten zehn Stockwerke darunter bereits die Haustechnik verlegt und die Teppichböden gespannt werden. Geliefert wurde nur das, was gerade gebraucht wurde. So betrug die Bauzeit für den gesamten Turm, der zu seinen 50 Stockwerken noch vier Kellergeschosse besitzt, nur neun Monate.

Drei Stararchitekten arbeiteten für diesen Turm zusammen: Gustav Peichl, Boris Podrecca und Rudolf Weber. Der Tower weist auch eine elegante Ausstattung auf. Hochglänzende Metalloberflächen und polierter grüner Granit vermitteln eine geschäftliche Ausstrahlung: Denn in diesem Tower sind ausschließlich Büros untergebracht. Nur Personen mit einer codierten Chipkarte haben Zutritt, und ihnen wird automatisch einer der neun vorhandenen Lifte zugewiesen. Auf der Chipkarte sind nämlich sämtliche Daten gespeichert: Ohne Knopfdruck werden die Liftbenützer in die jeweilig richtigen Stockwerke gebracht.

Von ihren Büros aus haben die Mieter die Weite des Anblicks über die Stadtlandschaft Wien, allerdings können sie kein Fenster öffnen. Nur durch eine ausgeklügelte Klimaanlage gelangt Luft in die Büroräume. An den Millennium-Tower ist die Millennium-City angeschlossen. Dieser in sich abgerundete Mini-Stadtteil umfasst alles, was zu einer modernen Stadt gehört: Wohnungen, unzählige Shops, Restaurants, ein Fitnesszentrum und ein Mega-Kino.

Wien wächst also nicht nur an verbauter Fläche am Boden, sondern gewinnt auch durch die neuen Wolkenkratzer an Höhe. An vielen weiteren Standorten sind heute ähnliche Citys mit Hochhaus-Türmen zu finden: die Donau-City beim Donaupark im Norden oder die Wienerberg-City mit ihrem 138 Meter hohen Twin-Tower im Süden. In diesem neuen Stadtteil am Wienerberg gibt es viel Grünraum und gleich in der Nähe ein riesiges Erholungsgebiet.

Ebenfalls eine kleine Stadt für sich sind die so genannten Simmeringer Gasometer. Dort erhielten allerdings vier schon über hundert Jahre alte Türme ein neues Innenleben: Nur die ziegelroten Außenmauern blieben als Hülle bestehen, die eine perfekte und voll klimatisierte City-Welt von 220.000 Quadratmetern umschließen. Am Beginn des 3. Jahrtausend schlagen die Städtebauer in der Weltstadt Wien solche Citys als Wohn- und Lebensform für die Zukunft vor.

DONAUINSEL UND NATIONALPARK DONAU-AUEN

Verkehrsmittel zur Donauinsel: U 1, U 6; Straßenbahnlinien 31, 33; Schnellbahn S1, S2, S3, S15, S45, R15 und R30

Verkehrsmittel zu den Lobau-Donau-Auen: U 1; anschließend Autobuslinien 26A oder 91A oder 93A

Auf der Donauinsel gibt es wirklich für jeden Geschmack verschiedene Freizeitmöglichkeiten. Entweder du steigst direkt bei der U-Bahn-Station „Donauinsel" aus und stürzt dich in das sportliche Vergnügen, das dir dort in zahlreichen Varianten angeboten wird. Wenn du aber mehr die Wildnis liebst und auf den Spuren der „Lobau-Indianer" wandeln möchtest, dann wäre eine von mehreren Möglichkeiten, dass du mit der U 1 eine Station weiter bis Kaisermühlen fährst. Dort nimmst du den Bus 91A, der dich in das Lobau-Paradies bringt.

Die Lobau bildet heute einen Teil des Nationalparks Donau-Auen. Welche Großstadt besitzt schon einen Nationalpark? Der Name „Lobau" bedeutet Wasserwelt. Diese Aulandschaft wurde ursprünglich von der ungebändigten Donau geformt. Seit Jahrhunderten nützen die Menschen das Augebiet in verschiedenster Weise: Früher jagte der Kaiser mit seinen Gefolgsleuten leidenschaftlich das Wild in den Auwäldern. Heute bieten die Donau-Auen den Stadtbewohnern eine wunderbare Erholungsmöglichkeit und spannende Erkundigungen in der Natur. Seit 1978 ist die gesamte Lobau Naturschutzgebiet mit einzigartigen Lebensräumen für seltene Tiere und Pflanzen. Im Jahr 1996 wurden die Donau-Auen zum Nationalpark erklärt. In der Lobau kannst du die „stillsten Wasser" und Tümpel von Wien sehen – trotzdem ist es dort weder ruhig noch langweilig. Ständig gibt es in den Auen das vielfältigste Leben zu entdecken: seltene Schmetterlinge und Käfer, wunderbare Blumen und farbenprächtige Vögel. Wenn du plötzlich ein merkwürdiges lautes Lachen vom Wasser her hörst, dann ruft gerade der Seefrosch. Er steht bereits auf der roten Liste der gefährdeten Tiere und hat hier in der Lobau – wie viele andere Tiere und Pflanzen – seinen Lebensraum gefunden.

Naturlehrpfade, Erlebniswanderungen und das Lobaumuseum laden dich ein, Näheres über die seltene und auch geheimnisvolle Welt der Au zu erfahren. Ein eigenes Radwegenetz steht den Neugierigen zur Verfügung, die schneller das große Gebiet des unter Naturschutz stehenden Auwalds kennen lernen und durchkreuzen möchten. Für besonders an der Natur Interessierte werden eigene Camps für Kinder und Jugendliche von der Stadt Wien veranstaltet, bei denen in Zelten gewohnt und der Naturschatz Donau-Auen hautnah erforscht wird.

Es gehört zu den Besonderheiten von Wien, dass zu der Stadt auch ein Nationalpark gehört: In der erlebnisreichen Landschaft der Donau-Auen mit ihren kleinen und großen Wundern der Natur fühlen sich Pflanzen, Tiere und Menschen wohl.

Der SEEFROSCH im Nationalpark gehört zu den gefährdeten Tieren. Er wird 15 Zentimeter groß. Sein Ruf „Oäh" oder „Oak" erklingt nachts und tags und wirkt wie ein kräftiges Lachen.

WICHTIGE ADRESSEN FÜR SPURENSUCHERINNEN UND SPURENSUCHER IN WIEN

ALBERTINA, 1, Albertinaplatz 1, www.albertina.at

ANKERUHR, 1, Hoher Markt 10–12

ALTE BACKSTUBE, 8, Lange Gasse 34, www.backstube.at

ALTE SCHMIEDE, 1, Schönlaterngasse 9, www.alte-schmiede.at

BEZIRKSMUSEEN: Innere Stadt: 1, Wipplingerstraße 8; **Leopoldstadt:** 2, Karmelitergasse 9; **Landstraße:** 3, Sechskrügelgasse 11; **Wieden:** 4, Klagbaumgasse 4; **Margareten:** 5, Schönbrunner Straße 54; **Mariahilf:** 6, Mollardgasse 8; **Neubau:** 7, Stiftgasse 8; **Josefstadt:** 8, Schmidgasse 18; **Alsergrund:** 9, Währinger Straße 43; **Favoriten:** 10, Ada-Christen-Gasse 2c; **Simmering:** 11, Enkplatz 2; **Meidling:** 12, Längenfeldgasse 13–15; **Hietzing:** 13, Am Platz 2; **Penzing:** 14, Penzinger Straße 59; **Rudolfsheim-Fünfhaus:** 15, Rosinagasse 4; **Ottakring:** 16, Richard-Wagner-Platz 19b; **Hernals:** 17, Hernalser Hauptstraße 72–74; **Währing:** 18, Währinger Straße 124; **Döbling:** 19, Döblinger Hauptstraße 96; **Brigittenau:** 20, Dresdner Straße 79; **Floridsdorf:** 21, Prager Straße 33; **Donaustadt:** 22, Kagraner Platz 53–54; **Liesing:** 23, Canavesegasse 24; www.wien.gv.at

BOTANISCHER GARTEN, 3, Mechelgasse 2, www.botanik.univie.ac.at

EPHESOS MUSEUM, 1, Heldenplatz, Neue Burg, www.khm.at

FEUERWEHRMUSEUM, 1, Am Hof 10, www.mag.wien.gv.at

SIGMUND FREUD-MUSEUM, 9, Berggasse 19, www.freud-museum.at

GLOCKENMUSEUM, 10, Troststraße 38, www.wien.gv.at/favoriten/jugendplan

HAUS DER MUSIK, 1, Seilerstätte 30, www.hdm.at

HAUS DES MEERES – VIVARIUM WIEN, 6, Esterházypark, Flakturm, www.haus-des-meeres.at

HAYDN GEDENKSTÄTTE, mit Brahms-Gedenkraum, 6, Haydngasse 19, www.wienmuseum.at

HEERESGESCHICHTLICHES MUSEUM, 3, Arsenal, Objekt 18, www.bmlv.gv.at/hgm

HISTORISCHES MUSEUM DER STADT WIEN, ab 1. Oktober 2003: **WIEN MUSEUM KARLSPLATZ**, 4, Karlsplatz, www.wienmuseum.at

HOFBURG / KAISERAPPARTEMENTS & SILBERKAMMER, 1, Hofburg (Eingang unter der Michaelerkuppel), www.hofburg-wien.at

JUNIOR-ARCHÄOLOGIE, www.archaeologie-wien.at

JÜDISCHES MUSEUM WIEN, 1, Dorotheergasse 11, www.jmw.at

KUNSTFORUM, 1, Freyung 8, www.kunstforumwien.at

KUNSTHAUSWIEN, 3, Untere Weißgerberstraße 13, www.kunsthauswien.at

KUNSTHISTORISCHES MUSEUM, 1, Maria-Theresienplatz, www.khm.at

Im MuseumsQuartier kannst du dich erholen und viele spannende Museen besuchen. Dort befinden sich auch das Zoom Kindermuseum und die Kinderinformationsstelle von wienXtra.

Das Holocaust-Mahnmal am Judenplatz zeigt eine Stahlbetonkonstruktion, deren Mauern als nach außen gewendete Bücherregale gestaltet sind. Unterirdisch liegen die archäologischen Schauräume des Museum Judenplatz.

Das Technische Museum lockt mit tollen Programmen für Kinder und Jugendliche. Hier kann auch virtuell vieles erforscht und entdeckt werden.

LIECHTENSTEIN MUSEUM, 9, Fürstengasse 1, www.liechtensteinmuseum.at

LOBAUMUSEUM, 22, Lobau 256, Vorwerk 1, www.wien.at/wald

MAK – ÖSTERREICHISCHES MUSEUM FÜR ANGEWANDTE KUNST, 1, Stubenring 5, www.mak.at

MOZART FIGAROHAUS, 1, Domgasse 5, www.wienmuseum.at

MUSEUM FÜR VÖLKERKUNDE, 1, Heldenplatz, Neue Burg, www.khm.at

MUSEUM JUDENPLATZ, 1, Judenplatz 8, Misrachi-Haus, www.jmw.at

MUSEUMSQUARTIER WIEN, 7, Museumsplatz 1, www.mqw.at

NATIONALPARK CAMP LOBAU, 22, Lobaugasse, www.ubw.at

NATURHISTORISCHES MUSEUM, 1, Maria-Theresienplatz, www.nhm-wien.ac.at

NEIDHART FRESKEN, 1, Tuchlauben 19, www.wienmuseum.at

ÖSTERREICHISCHE GALERIE BELVEDERE, Oberes Belvedere: 3, Prinz-Eugen-Strasse 27, Unteres Belvedere: 3, Rennweg 3a, www.belvedere.at

ÖSTERREICHISCHES GESELLSCHAFTS- UND WIRTSCHAFTS-MUSEUM, 5, Vogelsanggasse 36, www.wirtschaftsmuseum.at

ÖSTERREICHISCHES MUSEUM FÜR VOLKSKUNDE, 8, Laudongasse 15–19, www.volkskundemuseum.at

ÖSTERREICHISCHES THEATERMUSEUM, 1, Lobkowitzplatz 2, Palais Lobkowitz, www.theatermuseum.at

PAPYRUSMUSEUM, 1, Heldenplatz, Neue Burg, www.onb.ac.at

PLANETARIUM WIEN, 2, Hauptallee (beim Riesenrad), www.planetarium-wien.at

PRATERMUSEUM, 2, Hauptallee (Planetarium beim Riesenrad), www.wienmuseum.at

RÖMISCHE RUINEN UNTER DEM HOHEN MARKT, 1, Hoher Markt 4, www.wienmuseum.at

SCHATZKAMMER, 1, Hofburg, Schweizerhof, www.khm.at

SCHLOSS SCHÖNBRUNN, 13, Schönbrunner Schlossstraße, www.schoenbrunn.at

SCHUBERT GEBURTSHAUS mit Stifter-Gedenkräumen, 9, Nußdorfer Straße 54, www.wienmuseum.at

SECESSION, 1, Friedrichstraße 12, www.secession.at

STIFTSMUSEUM KLOSTERNEUBURG, Klosterneuburg bei Wien, Stiftsgasse 1, www.stift-klosterneuburg.at

STRAUSS GEDENKSTÄTTE, 2, Praterstraße 54, www.wienmuseum.at

TECHNISCHES MUSEUM WIEN, 14, Mariahilfer Straße 212, www.technischesmuseum.at; www.tmw.at

UHRENMUSEUM, 1, Schulhof 2, www.wienmuseum.at

VIRGILKAPELLE, 1, Stephansplatz (U-Bahnstation), www.wienmuseum.at

WIEN MUSEUM HERMESVILLA mit Schauräumen der Modesammlung, 13, im Lainzer Tiergarten, Zugang Hermesstraße, www.wienmuseum.at

WIEN MUSEUM KARLSPLATZ, bis Oktober 2003 Historisches Museum der Stadt Wien, 4, Karlsplatz, www.wienmuseum.at

WIENER KINDERBAUERNHOF, Landgut Wien Cobenzl, www.landgutcobenzl.at

WIENER STRASSENBAHNMUSEUM, 3, Erdbergstraße 109 (Remise Erdberg, Zugang Ludwig-Koeßler-Platz), www.wiener-tramwaymuseum.org

ZIRKUS- UND CLOWNMUSEUM, 2, Karmelitergasse 9, www.wien.gv.at

ZOOM KINDERMUSEUM, 7, Museumsplatz 1, Museumsquartier, www.kindermuseum.at

Im Wiener Straßenbahnmuseum stehen originelle Tramways, die nach wie vor zu speziellen Sonderfahrten durch die Stadt verwendet werden.

Spezielle Auskünfte über Veranstaltungen zu Kultur, Natur und Sport gibt es bei **wienXtra-kinderinfo**, 7, Museumsplatz 1, Museumsquartier, www.kinderinfowien.at

Im Wien Museum Karlsplatz erfährst du alles über die Geschichte der Stadt Wien – über das Leben der Menschen in friedlichen und kriegerischen Zeiten. Vielleicht kennst du noch das Museum unter seinem früheren Namen „Historisches Museum der Stadt Wien“.

BILDNACHWEIS

Akademische Druck- und Verlagsanstalt, Graz: 22 (unten). – Bundesdenkmalamt, Wien: 140. – Christandl Jürg, Wien: 146. – Dom- und Diözesanmuseum Wien: 37. – Forstamt und Landwirtschaftsbetrieb der Stadt Wien (MA 49): 148. – Hager Jürgen, Wien: 100, 115, 123 (unten), 125 (unten), 133, 137. – Alfred Havlicek: 106. – Hollein Hans, Wien: 145 (Foto Sina Baniahmed). – JMW/Votva: 24, 150 (oben). – KunsthausWien: 144. – Kunsthistorisches Museum, Wien: 13 (unten), 19 (unten), 52 (oben), 58. – Lang Martin, Wien: 93. – MuseumsQuartier, Wien: 149 (Gradnitzer Lisi). – Österreichische Nationalbibliothek/Bildarchiv: 10, 25, 33, 41, 43, 45, 96, 101, 118, 120 (oben), 121 (oben), 145. – Österreichisches Museum für angewandte Kunst, Wien: 90. – Römisch-Germanisches Museum der Stadt Köln: 13 (oben). – Schottenstift, Wien: 23. – Schweizerische Landesbibliothek, Bern: 15 (unten). – Stadtbibliothek Nürnberg: 22 (oben). – Stiftsmuseum Klosterneuburg: 17, 21, 35. – Storch Ursula, Wien: 36. — Technisches Museum Wien: 72, 150 (unten). – Universitätsbibliothek Heidelberg: 18. – Votava-Bilderdienst, Wien: 100, 102–104, 142. – Wien Museum Karlsplatz (Historisches Museum der Stadt Wien): Vorsatz, 12, 14, 15 (oben), 19 (oben), 26–28, 30, 31, 34, 39, 40, 42, 46, 49–55, 57, 59–61, 63–71, 73–89, 91, 92 (unten), 95, 97, 111, 120 (Mitte), 123 (oben), 126 (oben), 127 (unten), 128, 130 (oben), 132, 151 (unten). – Wiener Stadt- und Landesarchiv: 6, 20. – Wiener Städtische Versicherung: 136 (oben). – Wiener Straßenbahnmuseum: 151 (oben).– Witzmann Erich, Wien: 48, 62, 92 (oben), 109, 110, 112–114, 116, 120 (unten), 121 (unten), 125 (oben), 126 (unten), 129, 130 (unten), 131, 134, 135 (unten), 136 (unten), 138, 139, 141, 143.

Der Abdruck des Gedichtes „Ich bin ein Kind der Stadt“ von Anton Wildgans (zitiert nach „Buch der Gedichte“, Leipzig 1929) erfolgt mit freundlicher Genehmigung von Ing. Gottfried Wildgans.